“十一五”国家重点图书出版规划项目
国家社会科学基金资助项目(07XJY008)
国家自然科学基金资助项目（71102087)
陕西省社会科学基金资助项目（11Q034)
教育部人文社科基金资助项目（10YJC630392)
陕西科学技术厅资助出版

21世纪
科技与社会发展丛书
（第六辑）

丛书主编 徐冠华

企业知识集成能力研究

张小娣 赵嵩正 /著

科学出版社
北京

内 容 简 介

本书针对当前知识集成能力理论和实践中存在的问题，对企业知识集成能力进行了全面、深入、系统的研究。分析了企业知识集成能力的内涵和特点，建立了知识集成能力体系架构，并以国内知识型企业为调查对象，运用结构方程模型对知识集成能力的关键影响因素进行了实证研究；揭示了各因素对知识集成能力的影响机理及因素间的关系，在此基础上提出了企业知识集成能力的提升途径，从理论上完善了知识集成能力理论，也为企业培养、发展和提升知识集成能力，从而创造竞争优势提供理论、技术和方法等方面的指导。

本书不仅能为相关专业教学研究人员提供参考，也能为企业中高层管理人员、科技管理部门政府官员提供一定的理论指导。

图书在版编目(CIP)数据

企业知识集成能力研究 /张小娣，赵嵩正著. —北京：科学出版社，2014.1
(21 世纪科技与社会发展丛书 . 第六辑)
ISBN 978-7-03-039318-0

Ⅰ. ①企… Ⅱ. ①张…②赵… Ⅲ. ①企业管理-知识管理-研究 Ⅳ. ①F270

中国版本图书馆 CIP 数据核字（2013）第 299840 号

丛书策划：胡升华 侯俊琳
责任编辑：牛 玲 刘巧巧/责任校对：钟 洋
责任印制：李 彤/封面设计：黄华斌 陈 敬
编辑部电话：010—64035853
E-mail：houjunlin@mail. sciencep. com

科学出版社 出版
北京东黄城根北街 16 号
邮政编码：100717
http://www.sciencep.com
北京厚诚则铭印刷科技有限公司 印刷
科学出版社发行 各地新华书店经销
*
2014 年 2 月第 一 版 开本：720×1000 1/16
2022 年 4 月第五次印刷 印张：11 1/4
字数：225 000
定价：68.00 元
（如有印装质量问题，我社负责调换）

“21 世纪科技与社会发展丛书”第六辑

编委会

总　　序

进入21世纪，经济全球化的浪潮风起云涌，世界科技进步突飞猛进，国际政治、军事形势变幻莫测，文化间的冲突与交融日渐凸显，生态、环境危机更加严峻，所有这些构成了新世纪最鲜明的时代特征。在这种形势下，一个国家和地区的经济社会发展问题也随之超越了地域、时间、领域的局限，国际的、国内的、当前的、未来的、经济的、科技的、环境的等各类相关因素之间的冲突与吸纳、融合与排斥、重叠与挤压，构成了一幅错综复杂的图景。软科学为从根本上解决经济社会发展问题提供了良方。

软科学一词最早源于英国出版的《科学的科学》一书。日本则是最早使用"软科学"名称的国家。尽管目前国内外专家学者对软科学有着不同的称谓，但其基本指向都是通过综合性的知识体系、思维工具和分析方法，研究人类面临的复杂经济社会系统，为各种类型及各个层次的决策提供科学依据。它注重从政治、经济、科技、文化、环境等各个社会环节的内在联系中发现客观规律，寻求解决问题的途径和方案。世界各国，特别是西方发达国家，都高度重视软科学研究和决策咨询。软科学的广泛应用，在相当程度上改善和提升了发达国家的战略决策水平、公共管理水平，促进了其经济社会的发展。

在我国，自十一届三中全会以来，面对改革开放的新形势和新科技革命的机遇与挑战，党中央大力号召全党和全国人民解放思想、实事求是，提倡尊重知识、尊重人才，积极推进决策民主化、科学化。1986年，国家科委在北京召开全国软科学研究工作座谈会，时任国务院副总理的万里代表党中央、国务院到会讲话，第一次把软科学研究提到为我国政治体制改革服务的高度。1988年、1990年，党中央、国务院进一步发出"大力发展软科学"、"加强软科学研究"的号召。此后，我国软科学研究工作体系逐步完善，理论和方法不断创新，软科学事业有了蓬勃发展。2003～2005年的国家中长期科学和技术发展规划战略研究是新世纪我国规模最大的一次软科学研究，也是最为成功的软科学研究之一，集中体现了党中央、国务院坚持决策科学化、民主化的执政理念。规划领导小组组长温家宝总理反复强调，必须坚持科学化、民主化的原则，最广泛地听取和吸收科学家的意见和建议。在国务院领导下，科技部会同有关部门实现跨部门、跨行业、跨学科联合研究，广泛吸纳各方意见和建议，提出我国中长期科技发展总体思路、目标、任务和重点领域，为规划未来 15 年科技发展蓝图做出了突出贡献。

在党的正确方针政策指引下，我国地方软科学管理和研究机构如雨后春笋般大量涌现。大多数省、自治区、直辖市政府，已将机关职能部门的政策研究室等机构扩展成独立的软科学研究机构，使地方政府所属的软科学研究机构达到一定程度的专业化和规模化，并从组织上确立了软科学研究在地方政府管理、决策程序和体制中的地位。与此同时，大批咨询机构相继成立，由自然科学和社会科学工作者及管理工作者等组成的省市科技顾问团，成为地方政府的最高咨询机构。以科技专业学会为基础组成的咨询机构也非常活跃，它们不仅承担国家、部门和地区重大决策问题研究，还面向企业提供工程咨询、技术咨询、管理咨询、市场预测及各种培训等。这些研究机构的迅速壮大，为我国地方软科学事业的发展铺设了道路。

软科学研究成果是具有潜在经济社会效益的宝贵财富。希望“21 世纪科技与社会发展丛书”的出版发行，能够带动软科学的深入研究，为新世纪我国经济社会的发展做出积极贡献。

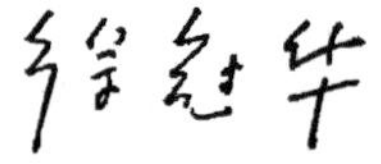

2009 年 2 月 11 日

第六辑序

近年来，软科学作为一门立足实践、面向决策的新兴学科，在科学技术飞速发展和经济全球化的今天，越来越受到社会各界的广泛关注，已经成为中国公共管理学科乃至整个社会科学研究领域一个极为重要且富有活力的部分。当前，面对国际政治经济形势的急剧变化和复杂局面，我国各级政府将面临诸多改革与发展的种种问题，需要分析研究、需要正确决策，这就需要软科学研究的有力支撑。

陕西科教实力位居全国前列，拥有丰富的知识和科技资源。利用好这一知识资源优势发展陕西经济，构建和谐社会，并将一个经济欠发达的省份建设成西部强省，一直是历届陕西省委、省政府关注的重要工作。在全省上下深入学习科学发展观之际，面对当前国际金融危机，如何更好地集成科技资源，提升创新能力，通过建立产、学、研、用合作互动机制，促进结构调整和产业升级，推动经济社会发展，是全省科技工作者需要为之努力奋斗的目标。软科学研究者更是要发挥科学决策的参谋助手作用，为实现科技强省献计献策。

陕西省的软科学研究工作始于 1990 年，在国内第一批建立了软科学研究计划管理体系，成立了陕西省软科学研究机构。多年来，通过理论与实践的结合，政府决策和专家学者咨询的融合，陕西省软科学研究以加快陕西改革与发展为导向，从全省经济社会发展的重大问题出发，组织、引导专家学者综合运用自然科学、社会科学和工程技术等多门类、多学科知识，开展战略研究、规划研究、政策研究、科学决策研究、重大项目可行性论证等，取得了一批高水平的研究成果，为各级政府和管理部门提供了决策支撑和参考。

为了更好地展示这些研究成果，近年来，陕西省科技厅先后编辑出版了《陕西软科学研究 2006》、《陕西软科学研究 2008》，受到了省内广大软科学研究工作者的广泛关注和一致好评。为了进一步扩大我省软科学研究成果的交流，促进应用，自2009年起，陕西省科技厅资助出版“21世纪科技与社会发展丛书”。该丛书第六辑汇集了我省近一年来的优秀软科学成果专著10部。对于该丛书的出版，我感到非常高兴，相信丛书的出版发行，对于扩大软科学研究成果的影响，凝聚软科学研究人才，多出有价值、高质量的软科学研究成果，有效发挥软科学研究在区域科技、经济、社会发展中的咨询和参谋作用，不断提升我省软科学研究水平具有重要意义。

感谢各位专家学者对丛书的贡献，感谢科学出版社的大力支持。衷心希望陕西涌现出更多的在全国有影响的软科学研究专家和研究成果。祝愿丛书得到更为广泛的关注，越办越好。

2012年9月

前　　言

随着知识经济的迅速发展，学术界对企业竞争优势的研究从“资源基础观”转向了“能力基础观”，知识集成能力成为新经济形势下企业能力的本质和竞争优势的源泉。培育和提高知识集成能力，成为企业进行知识创新、提升企业绩效的前提。尽管已经有很多企业在实践中成功地运用了知识集成，并将知识集成能力作为企业竞争优势的主要来源之一，但由于缺乏系统的知识集成能力理论指导，企业对知识集成能力的运用，实际上仍处于起始阶段，还有很多企业甚至至今尚未意识到知识集成能力的重要性。这主要是因为目前对知识集成能力的研究还很匮乏，理论框架不够完善，缺乏具有易操作性的定量研究和实证分析，对企业如何培育和提升知识集成能力也尚未总结出一套完整的可操作性和适应性都比较强的具体运作方法体系。理论研究明显滞后于知识集成实践的发展，与知识集成能力的重要性极不相称，这在一定程度上制约了企业实践的发展。在此实际背景下，本书对知识集成能力进行了系统的研究，研究问题所涉及的范围主要限定在微观层面的企业中，研究的侧重点在于探索知识集成能力的影响因素，研究各因素对企业知识集成能力的影响与因素间的关系，以及知识集成能力对企业创新能力的影响机理。

本书在结构体系上遵循“理论基础→概念体系→理论模型→实证检验→实践策略”的思路，体现了管理研究的“问题导向”特点。本书在内容上分为理论篇、实证篇两个部分。理论篇针对知识集成能力的概念、内涵和特点，企业知识集成能力体系架构，影响企业知识集成能力的关键因素进行了研究。实证篇运用结构方程模型对企业知识集成能力的关键影响因素和影响机理，以及企业知识集成能力对企业创新能力的影响机理进行了系统的实证研究。在此基础上，本书提出了知识集成能力的提升途径，完善了知识集成能力理论，也为企业培养、发展和提升知识集成能力，从而提升创新能力，创造竞争优势提供了理论、技术和方法等方面的指导。各板块的具体安排如下。

第一部分：理论篇，包括第一章至第三章。

第一章为企业知识集成能力的理论渊源和体系架构。企业知识集成能力是在理论界和实业界对企业竞争优势进行研究和探索的过程中发展起来的。因此，本章首先对企业竞争优势理论的相关研究进行了归纳和梳理，其次介绍了知识集成理论的相关研究成果，最后对企业知识集成能力的概念进行了剖析，总结了企业知识集成能力的特点。按照知识的来源与构成，将企业知识集成能力划分为内部知识集成能力和外部知识集成能力，对内部知识集成能力和外部知识集成能力的内涵和维度进行了分析，在此基础上建立了企业知识集成能力体系架构并进行了详细解释。

第二章为企业知识集成能力影响因素研究。首先分析了已有的相关研究文献，在此基础上，结合对企业的深度访谈和调研，归纳总结出企业知识集成能力的影响因素：组织文化、组织结构、组织学习、激励机制、IT 能力、社会资本和吸收能力。并详细分析了各因素对内部知识集成能力和外部知识集成能力的影响，在此基础上，构建了企业知识集成能力影响因素理论模型，并提出了相应的假设，为下一步的实证研究提供理论基础。

第三章为企业知识集成能力对创新能力的影响机理。通过对国内外企业创新理论和知识集成理论相关文献的分析，界定了企业创新能力的本质和内涵。在此基础上，分析了企业创新能力的构成要素，建立了企业知识集成能力影响创新能力的理论模型。

第二部分：实证篇，由第四章构成。

第四章为企业知识集成能力影响因素及对创新能力的影响机理实证研究。主要进行了变量的选择和度量，讨论了问卷的设计和抽样过程，对本研究的结构方程模型进行了设定，将变量用结构方程模型认可的形式进行了表示。运用SPSS 17.0和AMOS17.0软件对量表进行信度和效度分析，在此基础上对研究中提出的理论模型进行拟合，在数据分析的基础上，给出基于实证分析的假设检验结果，并对结果进行了讨论。在理论和实证研究的基础上，提出了提升企业知识集成能力的管理策略和建议。

本书的研究价值和意义可以从理论和实践两个方面来说明。

理论研究方面的意义主要体现在理论创新点获得的过程中。首先，通过对知识集成能力内涵的剖析，总结了知识集成能力的特点，并阐释了企业知识集成能力具有价值性、稀有性和不可完全模仿性，由此得出知识集成能力是企业竞争优势的来源的结论，这在一定程度上是对企业竞争优势理论的深化和补充。其次，知识集成能力影响因素实证研究不仅提炼出组织学习、社会资本、吸收能力、组织文化、IT能力、组织结构和激励机制等关键影响因素，而且深入分析了其影响机理和影响因素之间的关系，得出的结论在一定程度上也是对知识集成理论的完善。最后，把知识集成能力与企业的技术创新和管理创新纳入一个整体进行研究，加强了知识集成能力跟企业技术创新和管理创新实现相互促进关系方面的研究，对于补充和完善基于知识集成的企业创新能力研究具有重要意义。

在实践方面，本书的研究对象主要限定为知识密集型企业，因此研究结论对该类企业具有一定的借鉴和参考价值。当前，国内大多数企业对企业能力的认识还停留在表面，多数企业只是简单地将经营目标指向某一最终产品市场，将企业看成是若干产品、事业和工厂组成的混合体，局限于掌握单一技术和拥有资源优势，而忽视了企业绩效背后的决定性因素——知识集成能力。即使有少部分企业已经意识到知识集成能力的重要性，它们也很少能从持续发展的角度分析、认识企业的知识集成能力，并从战略角度加以培育、发展和提高。因此，本书的研究结论可为企业提升知识集成能力、获取持续竞争优势提供理论指导和实践参考。

本书是在国家社会科学基金资助项目（项目编号：07XJY008）、国家自然科学基金资助项目（项目编号：71102087）、教育部人文社会科学基金资助项目（项目编号：10YJC630392）、陕西省社会科学基金资助项目（项目编号：11Q034）和西北工业大学人文与社科振兴基金资助项目（项目编号：RW201204）的研究成果基础上撰写而成的。本书在写作过程中得到了西北工业大学管理学院的许多领导、专家学者及老师的指导，在此一并表示感谢。同时对在出版过程中付出了大量辛勤劳动的编辑表示衷心的感谢。

本书有许多观点还有待时间检验，若有不妥之处，敬请读者批评指正。

张小娣

2013年9月

目　　录

导　　言

当前，企业面临信息产业迅猛发展、国际经济和市场一体化速度加快及高新技术广泛应用的生存环境，使得知识在企业经营业绩和发展方面的贡献大幅度上升，人类社会从工业经济时代进入知识经济时代。

知识经济时代是建立在知识的创新、传播和使用基础上的，因此知识成为企业在知识经济时代最重要的战略资源和竞争优势的来源，是企业价值创造的最大推动力。同时，知识是与认知者的认知实践联系在一起的，从本质上是一个动态的、根植于认知者及其与认知环境互动的认知实践的过程（Davenport and Prusak，2000）。作为认知过程与认知结果相统一的知识，其基本特征之一就是情境化，即任何知识都是在特定的情境中创造出来的，而且还要在特定的情境中确定其意义。这同时也意味着知识的嵌入性，即知识是与某个具体情境下的认识活动联系在一起的，因而知识是具体的或局部的（张钢，2001）。

知识的情境化决定了知识的意会性和离散分布性，因此企业中的知识不可能以集中的形式存在于单一的头脑中，而是在一定情境中被个人或部门等分散地掌握着，即知识在企业中是离散分布的。Alavi（2000）的实证调查指出，企业最重要的七种知识类型包括与服务顾客相关的知识、与企业策略伙伴合作的知识、提升内部作业生产力的知识、了解与提高市场竞争力的知识、产品行销与销售的知识、与供货商合作的知识、人力资源管理的知识。该实证调查也表明，企业中重要的知识散落于各部门、各团队，甚至各个员工。具体来说，企业中有研发部门、信息服务部门、财务部门、客户网络部门、销售部门、生产制造部门、市场部门等，各个部门中的知识在自然状态下是离散的。例如，研发部门对生产制造部门的设备和工艺水平不能完全掌握，专家们的设计在生产现场不能完全转化为技术工人的生产能力，销售部门也不一定能够给予研发部门充分、有效的市场信息。企业组织内部的管理、技术及劳动者的日常工作是相互分离的，相互之间不能完全了解，致使组织内的协调很难达到，必然会浪费大量的时间和资源。由此可见，知识只有通过有效的集成，才能在不同部门之间、同一部门不同员工之间得以分享，从而使局部知识优势转化为全局知识优势，获得价值的增值，进而顺利转化为组织的竞争优势。

知识在空间和组织上的分离是知识集成的直接动因，知识集成的实质是知识的交叉和融合。从企业的组织结构来看，并不是所有的知识都处于同一重要等级。既然结构中的某些元素比其他元素更为重要，那么将知识结构进行等级划分是完全有必要的。但是，如果各个等级之间的知识隔离程度过大，势必影响组织作为一个实体的知识竞争力。在隔离和融合之间应该存在一个平衡点，这就需要通过知识的整合来实现。从知识的分布规律来看，企业中不同的员工和组织拥有不同的知识。知识密集型经济要求企业拥有跨领域、跨专业、跨学科解决问题的能力，如果知识都是分散地存放于不同的主体，势必会影响企业作为单一实体在市场中的竞争力。通过知识整合，可以将企业各局部知识优势变为全局知识优势。员工的个人知识和企业内各个组织的知识会同原来企业知识系统的全部知识，经过知识整合，形成企业新的知识系统（陈力和鲁若愚，2003）。

知识集成理论的创建者 Grant（1996）指出，在知识经济时代，集成和应用组织知识的能力是企业建立和维持竞争优势的关键，如果知识不能被集成和共享，则它对于实现组织目标来说价值就极其有限了。Teece（1998）也认为，新经济时代的特性之一是科技与科技之间不断地融合，善于集成的企业将拥有更多创新的机会，相对地将更具有在全球竞争的环境下获得成功的优势。全球商业实践也对此有所证明（郑景华和汤宗益，2004），例如，英国的德·哈维兰德公司在 20 世纪 50 年代就已拥有制造喷射客机的知识，却因未能集成市场知识（不同市场区域所需的机型不同），导致其市场地位被善于集成两种知识的波音公司和道格拉斯公司所取代（Drucker，2002）。苹果公司在 20 世纪 80 年代败于微软公司也是由于其采取封闭政策，不能有效而快速地进行周边技术的集成所致。微软公司主动开放了周边标准，集成了众多周边设备供应商，产品得以不断推陈出新，占领市场（Hoch et al.，2000）。美国亚马逊（Amazon）网上书店以出色的集成资料库、物流和网络现金流打败了百年书店巴诺书店，并同时将其业务扩展到 CD、录影带、DVC、礼品和玩具等领域，成为全球最大的网上零售商。这些例子都说明了知识集成是企业获取知识所带来的收益并创造竞争优势的根本过程。

另外，从企业核心能力理论的发展来看，自 20 世纪 90 年代以来，以能力为基础的竞争不断兴起，信息技术迅猛发展，一些企业尤其是新技术领先企业的超常规发展促成了一个全新的企业理论——企业核心能力理论的兴起。企业核心能力理论在企业发展和企业战略研究方面迅速占据了主导地位，成为指导企业经营和管理的重要理论之一。Prahalad 和 Hamel（1990）认为，企业的核心竞争力是“组织中的积累性学识，特别是关于如何协调多种制造技能和集成多种技术流派的知识”。从该定义可以看出，首先，企业核心能力是企业长期对知识的产生、鉴别、学习、消化、吸收、应用和创新的积累性结果，其实质是企业知识水平的综合反映。其次，企业核心能力是各种技术集成的结果，是以一定方式结合在一起的知识集合体。从这一定义出发，可知 Prahalad 和 Hamel 观点中的知识及对知识的协调与集成能力是企业竞争力的根源。美国麦肯锡咨询公司认为，核心能力是某一组织内部一系列的技能和知识的结合，它具有使一项或多项业务达到世界一流水平的能力（Hamel and Heene，1991）。Leonard-Barton（1992）认为，核心能力是“企业内部的知识集合，包括员工的知识和技能、技术系统、管理系统和价值规范四个方面，主要发挥协调各种生产技能和整合不同技术的作用”。de Boer 等（1999）指出，企业竞争的优势来自集成的知识，而不是单一的知识，因为集成的知识才能指引企业在快速变化的环境中，做好产品与市场的结合，快速而有效地发展产品以供应不同的市场需求。Grant（1996）从组织能力的角度研究知识集成，认为知识集成是企业的基本职能和企业能力的本质，提升知识集成能力也可以成为竞争优势的来源之一，从而把知识集成提高到企业的战略层面。陈力和鲁若愚（2003）认为，知识特别是核心知识对企业的竞争优势起着决定性的作用。竞争优势的真正来源是企业对知识的整合能力，这种能力使得管理人员能够基于对未来的正确判断整合企业内外部的知识。知识整合不仅可以很好地利用专业分工的模式来缩短产品上市的时间，还可以利用共同学习的方式来增强研发能力，并通过持续的整合和创新来发展企业的竞争力。综合分析上述观点，本书认为，企业核心能力和竞争优势的本质为知识集成能力。核心能力和竞争优势尽管在各个企业的具体表现不同，但从本质上来说都是企业集成知识的能力，即对不同的、分散的知识（包括技术与技能）进行积累、协调和整合的能力。“可以说，在知识经济时代，谁在知识集成方面是能手，谁就是市场竞争的赢家。”（李宝山和刘志伟，1998）

从以上分析可以看出，知识集成能力的培育和提升已成为当前企业提升竞争优势所迫切需要解决的问题，因此对企业知识集成能力的研究具有非常重要的理论意义和实践价值。

理论篇

第一章　企业知识集成能力的理论渊源和体系架构

企业知识集成能力是在对企业竞争优势进行研究的过程中发展起来的一个重要课题。竞争优势理论的探究是企业战略研究中的核心课题，对企业进行实践具有重要的指导意义。在近几十年的发展过程中，学者们从不同的角度对其进行研究，形成了许多不同的理论观点和看法，产生了丰富的理论研究成果，这为本书的研究提供了坚实的借鉴和参考平台。本章首先对企业竞争优势理论和知识集成理论的相关研究进行综述，以明确本书在现有研究中所处的位置和价值，然后对知识集成能力进行概念剖析，并建立企业知识集成能力体系架构，为后续章节的理论模型和具体研究设计提供理论基础。

第一节　企业竞争优势理论

企业竞争优势理论一直是企业战略管理领域研究的焦点，经过众多学者的深入研究，尽管企业竞争优势理论已经成为较为完善并继续发展的理论体系，但对企业竞争优势的概念，却没有形成统一的认识。竞争优势的概念最早由英国经济学家 Chamberlin（1939）在其著作《垄断竞争理论》中提出，而后 Hofer 和 Schendel（1979）将其引入战略管理领域，认为竞争优势是一个组织通过其资源的配置而获得的，相对于其竞争对手的独特的市场位势。Porter（1985）认为，竞争优势是指一个企业具有优于其他企业的某些特征，它能够以更低的成本提供同样的价值，或者以同样的成本提供更高的价值，从而保证其在市场竞争中获得高于其他企业的利润。Ansoff 和 McDonnell（1990）认为，企业竞争优势就是企业在产品或市场范围中所具有的能为企业带来比其他竞争者更优越竞争地位的特质。Barney（1991）将竞争优势定义为企业实施的价值创造战略没有同时被其他现存的或潜在的竞争对手所实施，如果同时其他企业不能复制这种竞争战略，企业就拥有可持续竞争优势。Ma（2004）认为，竞争优势是“企业之间在任何一个维度所产生的不对称性或差异，从而使得企业能够比竞争者为客户创造更高的价值”。

国内学者对企业竞争优势的研究主要有以下两种代表性观点（周晓东和项

保华，2003)。一种观点认为，竞争优势本质上是一种战略优势。所谓优势，是指在市场竞争中，与竞争对手相比，优于对手的竞争地位和竞争实力。所谓战略优势，是指在较长时期内，企业在关系到全局经营成败和根本性问题方面，所拥有的优势地位和优势实力。优势地位是指优越的地理位置、优越的产业地位、优越的政策地位，一般是在客观条件和历史条件下形成的。优势实力包括资源积累情况、资源组合状况和资源运用状况三个方面。另一种观点认为，企业竞争优势就是企业优于同行竞争者的业绩出众的获利能力。例如，王艳(2003)将企业的竞争优势视为企业依靠自身独特的技术、产品和服务，在与同行业企业的竞争中所表现出来的，相对于竞争对手的一种优势。依赖这种优势，企业可以获得超过本行业正常收益率的回报。蒋峦等(2005)认为，所谓企业竞争优势一般是指当两个企业处在同一市场中，面对类似的顾客与市场时，其中一个企业能够赢得更高的现实或潜在的利润或市场占有率。虽然学者们对竞争优势的概念描述有所不同，但不同学者的定义间并不矛盾，其基本内涵是一致的，即企业竞争优势就是指一个企业在向消费者提供具有某种价值的产品或服务的过程中所表现出来的超越或胜过其他竞争对手并且能够在一定时期之内创造超额利润或获取高于所在行业平均赢利率水平的属性或能力(马刚，2006)。综合学者们的研究，本书认为，企业竞争优势是指一个企业在某一方面超越其竞争对手的能力，这种能力是相对的，是可以两两比较的。也就是说，竞争优势不见得是一个企业在某一个方面比所有企业做得更好，而是相对于某一企业来说做得更好，一个企业在某一个方面比另一企业具有竞争优势，在另一个方面又不如该企业具有竞争优势。企业所具有的竞争优势有多种表现形式，如可以表现为更高的赢利，更高的市场占有率，也可以表现为更好的社会形象和声誉等。

对于企业如何获得竞争优势，在理论界近几十年的发展过程中，主要经历了波特(Porter)产业分析理论—资源基础论—核心能力理论—动态能力理论—企业知识理论的发展历程，学者们从不同的角度进行研究，形成了许多不同的理论观点。

一、波特产业分析理论

自20世纪30年代以来，美国哈佛大学产业经济学权威Bain和Scherer等人在吸收和继承马歇尔的完全竞争理论、张伯伦的垄断竞争理论和克拉克的有效竞争理论的基础上，提出了“结构-行为-绩效”(SCP)分析范式(Bain，1959)，成为传统产业组织理论分析企业竞争行为和市场效率的主要工具。该范式认为，新古典经济理论的完全竞争模型缺乏现实性，市场的结构、行为、绩效之间存在着因果联系，即产业结构决定了产业内的竞争状态，并决定了企业的行为及其战略，从而最终决定企业的绩效。企业之间不是完全同质的，而是存在规模差异和产品差别化的，产业内不同企业的规模差异将导致垄断。不同产业具有不同的规模经济要求，因而它们具有不同的市场结构特征。市场竞争和规模经济的关系决定了某一产业的集中程度，产业集中度是企业在市场竞争中追求规模经济的必然结果。一旦企业在规模经济的基础上形成垄断，就会充分利用其垄断地位与其他垄断者共谋，通过限制产出和提高价格的方式获得超额利润。同时，产业内的垄断者通过构筑进入壁垒使超额利润长期化。因而，SCP 分析范式把外生的产业组织的结构特征（规模经济要求）看做是企业长期利润的来源，成为传统产业组织理论分析企业竞争行为和市场效率的主要工具。Porter（1980）把 SCP 分析范式引入企业竞争战略分析中，从市场、产业结构角度出发，从竞争定位到基本战略再到价值链，对企业如何获取竞争优势进行了分析，认为企业要处于一个具有吸引力的行业位置，在此基础上通过成本优势和差异化等策略谋取企业在产业中的最佳定位，利用价值链创造竞争优势。即该理论认为企业的竞争优势有两个关键影响因素：一是企业所处产业的赢利能力，即产业的吸引力；二是企业在产业中的相对竞争地位。因此，竞争战略的选择应基于以下两点考虑：一是选择有吸引力的、高潜在利润的产业。不同产业所具有的吸引力及带来的持续赢利机会是不同的，企业选择一个朝阳产业，要比选择夕阳产业更有利于提高自己的获利能力。二是在已选择的产业中确定自己的优势竞争地位。在一个产业中，不管它的吸引力及提供的赢利机会如何，处于竞争优势地位的企业要比劣势企业具有较大的赢利可能性。而要正确选择有吸引力的产业及给自己的竞争优势定位，必须对将要进入的一个或几个产业结构状况和竞争环境进行分析。

波特所提出的行业竞争结构分析理论在过去的 20 年里受到企业战略管理学界的普遍认同，并且成为他们进行外部环境分析和激发战略选择最为重要和广泛使用的模型。但是，波特的产业分析理论重点研究的是产业的特性、产业的发展趋势、产业内外相关企业的相互关系和力量对比，他认为行业的选择是企业竞争优势的关键，这就导致该理论过于强调企业外部因素的作用，而对企业内部重视不够，将企业视为“黑箱”。首先，波特认为，产业内的企业是同质的，过分强调外部环境对竞争优势的影响，这常常诱使企业进入一些利润较高但缺乏运作经验或与主业不相关的产业，导致企业战略上的盲目多元化。其次，波特将产业定位作为获取竞争优势的关键因素，这与实际情况并不符合。Schmalance（1985）、Wernerfelt 和 Montgomery（1988）的研究都表明，同一产业内企业间的利润差异并不比不同产业间的企业利润差异小，产业分析理论也无法对同处于一个行业的不同企业所表现的不同绩效做出令人信服的解释，这表明企业超额利润的来源主要不是外在的产业组织结构特征，而是企业内部资源禀赋差异。最后，波特的价值链分析涉及企业生产经营的每一个环节，主次难分，忽视了企业的核心能力问题。因此，之后的学者们将探索企业竞争优势的着眼点转移到了企业的内部层面，从企业自身的角度寻找竞争优势的来源，先后产生了资源基础论、核心能力理论、动态能力理论和企业知识理论。

二、资源基础论

资源基础论起源于英国经济学家Marshall（1925）在其著作《经济学原理》中所提出的企业内部成长论。他认为，企业内部的专业化分工导致技能、知识和协调不断增加而产生“内部”经济问题，产业中企业的异质性产生“外部”经济问题。在此基础上，Penrose（1959）从“内部”经济问题出发，集中研究了企业新知识促进机制和企业知识积累机制，认为企业增长的边界存在于企业内部，而不是企业外部。Penrose指出异质的、非流动性的和难以模仿的资源在不完全的要素市场上是稀缺的，在这些稀缺资源的市场价格与实际价值之间存在差异，从而使企业获得租金并产生竞争优势。在Penrose等的启发下，众多学者开始从资源角度对企业竞争优势的来源进行研究。Wernerfelt（1984）发表的《企业资源基础观》一文，标志着资源基础论的正式产生。他提出企业资源包括品牌名称、企业自身拥有的技术知识、高技能的雇员、贸易合同、高效率的工作程序等。Barney（1991）认为，企业资源包括实物资源、人力资源和组织资源。实物资源包括企业的实物技术、厂房和设备、地理位置及原材料的可达性等；人力资源包括培训、经验、判断、智力、关系及管理者和员工的个人洞察力；组织资源包括企业正式的汇报结构、正式和非正式计划、控制和协调机制，企业内的团体间或企业间的非正式关系。他认为，企业资源的各种组成成分在地位和作用上具有较大差别，具有形成竞争优势潜力的企业资源必须具备四个特征。首先，这种资源对于企业利用机会、减少外部环境的威胁是有价值的。其次，这种资源在企业目前和潜在的竞争对手中是稀缺的。如果一个企业实施战略所需的资源不是稀缺的，那就意味着拥有相似资源的其他企业也可以实施这一战略，因此该企业也就毫无优势可言。一般来说，在一个行业中，如果拥有独特的有价值资源的企业数少于形成完全竞争状态所需的企业数，那么可以说这种资源就是稀缺的，而且有可能产生竞争优势。再次，这种资源不能被完全模仿。原因在于：①一个企业获得某一资源的能力，是其特定的发展历史赋予的。企业可以凭借其资源而实施某种战略，而其他企业不可能效仿，因为它们没有那种特定的历史发展过程。一旦某一历史时期成为过去，那些未拥有该特定时期赐予的资源的企业就永远不可能再拥有它们。②企业资源与企业持久竞争优势之间的联系常常是模糊的，人们难以理解是何种资源产生了竞争优势，由于这种模糊性，其他企业不能模仿这些资源。因此，竞争对手要想模仿该企业的战略将是很困难的，因为它们不知道应该模仿哪些资源。③使企业产生竞争优势的资源具有社会文化背景的复杂性，如企业文化、个人社会关系及企业的良好声誉等，这些企业资源难以被模仿。最后，这种资源在战略价值上具有不可替代性，也就是说，不存在战略上对等的替代资源。因此，带有能动作用的人力资源及组织资源对企业的竞争优势的贡献和作用更大。Itami（1987）将企业资源分为有形资源和无形资源，认为无形资源包括公司声誉、品牌、文化、技术知识、商标和专利，以及累积的学习和经验，是企业竞争优势的源泉。Collis 和 Montgomery（1998）将资源分为三类：有形资产、无形资产和组织能力。并认为如果运用得当，无形资产可能因使用而增值，而不像有形资产会因使用而削减或消失。Peteraf（1993）运用古典经济学中的租金分析方法，对企业通过特殊资源获取竞争优势给出了一个经典解释框架，认为企业的竞争优势来源于以下四个条件的相互契合：①企业的异质性。这意味着某些企业所拥有的高效资源供给有限，至少其供给不可能快速扩大。所以，这些企业可以因拥有对这些资源的“垄断”而获得超过平均利润的租金。②对竞争的事后限制。即当一个企业获得优势地位并因此而赢得租金之后，存在某些力量限制对这种租金的竞争。③不完全流动性。不完全流动的资源会保留在企业中，而企业会分享由这种资源带来竞争优势时所产生的“租金”。④对竞争的事前限制。如果具有同样资源禀赋的一批企业能够预见到它们通过某种定位选择可以获得难以模仿的资源地位，那么所有这些企业都会加入这种定位的激烈竞争，最后使预期的回报被竞争耗尽。因此，当一个企业采取某种战略来获取或发展高效资源时，执行这种战略存在着使其他企业难以采取同样战略的成本（包括对预期结果的不确定性）。总之，Peteraf 认为，资源必须满足这四个条件才能为企业赢得竞争优势。

尽管资源基础论 20 多年来在战略管理研究中被广泛运用，但也遭到一些学者的质疑，其中一个重要原因在于人们认为，企业所面临的外部环境正发生着重大的变化。一方面表现为环境的动态性，如迅速更新的技术、日益缩短的产品寿命周期、快速转移的消费者偏好等；另一方面则表现为环境的复杂性，如模糊的市场边界、无法明确的竞争对手和不断被打破的竞争规则等。也就是说，传统资源观在解释企业竞争优势的战略管理方面存在着明显的不足（谭新生，2003）。由于企业外部竞争环境变化速度的加快，动态环境下企业获取竞争优势的基本模式已经从获取持续的竞争优势转向持续地获取一系列暂时竞争优势（Eisenhardt and Martin，2000）。在激烈的竞争环境下，企业凭借产业定位或资源实力所积累的竞争优势会被快速的技术创新所侵蚀。因此，企业必须迅速响应外部需求，及时调整内部资源配置。在此背景下，基于资源基础论，同时又作为该理论的继承和发展，企业能力理论逐步形成并获得了快速发展（张睿，2008）。

三、核心能力理论

Selznick（1957）在《行政管理中的领导行为》一书中首先用独特竞争能力来表示企业同其竞争者相比在某方面做得更好的情况，并在对领导行为的分析中指出了企业特殊能力的概念。Penrose（1959）在分析单个企业的成长过程时特别强调，企业成长过程中存在两种主要的内在机制：企业如何积累“标准化操作规程”和“程序性决策”方面知识的机制，以及企业如何积累用于产生“非标准化操作规程”和“非程序性决策”新知识的机制。Penrose认为，企业管理就是一个连续产生新的非标准化操作规程和非程序性决策并把它们转化为标准化操作规程和程序性决策的过程，而这一过程依赖于企业内部的能力资源（徐笑君，2006）。Penrose的研究为企业能力理论的发展提供了直接的理论来源。随后，Nelson和Winter（1982）在《经济变迁中的演化理论》一书中明确肯定了企业与企业经营战略中能力观的重要意义。Lippman和Rumelt（1982）认为，如果企业无法有效模仿或复制出优势企业产生特殊能力的源泉，各企业之间具有的效率差异状态将永远持续下去。

Prahalad和Hamel（1990）正式提出了核心能力理论，认为企业的核心能力是组织中的积累性学识，特别是如何协调各种不同的生产技能和有机整合多种技术流派的学识，具有价值性、稀缺性、不可模仿性、不可替代性的特点。该理论对企业核心能力、业务及产品之间的关系做了一个非常形象的比喻：企业就像一棵大树，树干和主枝是核心产品，较细的树枝就是业务部门，最终产品则是叶子、花朵和果实，提供养分和支持的根系则是核心能力，它是由各个核心能力分支构成的，拥有核心能力系统的企业在市场上表现出强大的竞争力，即核心竞争力。核心竞争力的提出，引起了理论界与企业界的共同关注。但对于核心竞争力的定义和构成要素却众说纷纭。Hofer和Schendel（1979）认为，企业的核心竞争力主要体现在四个方面：组织、人力资源、技术、财务。Chandler（1990）提出，核心竞争力主要由生产、营销、人事、研发、财务、组织构成。Hamel和Heene（1991）认为，核心竞争力包含三要素：①市场能力，包括营销能力、技术能力；②整合能力，主要包括产品供应能力和作业流程；③功能性能力，主要体现在提供产品和服务方面。同时，他们认为产生企业竞争优势的深层次因素是隐藏在企业资源背后的配置、开发、使用、保护资源的能力，核心能力是企业在组织过程中配置和优化资源以达到目标的才能和技能。

Leonard-Barton（1992）认为，核心能力是辨识与提供竞争优势的知识集合，其内容包括：①员工的知识与技能；②技术系统；③指导知识创造与控制过程的管理系统；④与不同类型的蕴藏知识，以及知识创造、控制过程相关的价值与规范。Henderson 和 Cockburn（1994）将企业能力区分为成分能力（component competence）和架构能力（architectural competence）两种类型。前者指局部的能力知识，是日常解决问题的基本能力，如资源、知识与技术诀窍等；后者指利用成分能力的能力或依据现实需求开发新的成分能力的能力。

核心能力概念的提出，使人们对企业持续竞争优势的来源及企业能力转化为竞争力的作用机制有了更进一步的认识，但随着研究的深入，核心能力的局限性逐渐浮现出来。Leonard-Barton（1992）提出了核心能力存在核心刚性的问题，“当我们发展、培育将给机构带来成功的知识的同时，务必要意识到能力的另一面。当公司陷入褊狭状态或过分强调最佳做法的时候，核心刚性就产生了”。也就是说，一个企业的优势，同时也可能成为其劣势，两者相伴而生。企业核心能力的各个维度随着公司运转、决策、知识创新、知识积累而逐渐发展。在发展的过程中，某一类知识被强调，其代价是另外的知识被忽视。因而，核心能力在给企业带来竞争优势的同时，如果管理不善，就可能变成核心刚性，成为阻碍公司长期发展的桎梏。因为核心刚性和核心能力是同一事物的两个方面，所以企业核心能力的各个表现维度，同样也反映出其核心刚性。当企业内外部环境保持相对稳定，企业就可以依赖其核心能力创造其竞争优势。同样，如果企业内外部环境变化缓慢，在企业认知系统适应范围内，通过组织学习和企业成长过程的路径依赖，企业也能被动地适应环境的变化，保持其相对的竞争优势。但是核心刚性的存在使得核心能力无法适应环境的变化，在快速变化的环境中，企业原有的核心能力很可能成为阻碍企业发展的包袱。为了弥补核心能力的局限性，Teece 等（1997）提出了动态能力理论。

四、动态能力理论

对于动态能力的概念和内涵，学者们给出了不同的阐释。Teece 等（1997）指出，动态能力是企业整合、建立或重组内部和外部能力以适应迅速环境变化的能力。Eisenhardt 和 Martin（2000）将动态能力泛化为“企业运用资源来适应甚至创造市场变化的组织过程”，认为，动态能力是具体、可识别的，包括并购、联盟、新产品开发、决策等。Luo（2000）从全球市场一体化的角度考察企业的动态能力，认为动态能力是企业在全球市场上追求持续竞争优势的过程中，创造、积累和提升独特的能够为公司带来经济回报的资源和能力的能力，是要求公司具有从已有资源中提取经济利益的能力和创造出新的能力的能力。Zollo 和 Winter（2002）从惯例的视角，将动态能力定义为“为追求效能的改进，通过集体活动系统地创造与调整其运营惯例而习得的稳定的模式”。董俊武等（2004）认为动态能力是指企业保持或更新其作为竞争优势基础的能力。提高和更新能力的方法是技能的获取、知识和诀窍的管理及学习。企业改变能力的过程就是企业追寻新知识的过程，改变能力的结果是企业建立了一套新的知识结构。Zahra 和 Hayton（2008）高度重视管理者的作用，认为动态能力是主要决策者以适当的方式重构企业的资源和惯例的能力。Helfat 等（2007）认为，动态能力是企业有目的地创造、扩张或调整其资源基础的潜能。

尽管学者们对动态能力的解释不尽相同，但都强调为适应不断变化的外部环境，企业必须不断取得、整合、再确认内外部的行政组织技术、资源和功能性能力。Teece 等（1997）给出了著名的动态能力分析框架，包括三个方面的内容：组织与管理程序、位势和路径。三者间的关系为：企业的能力镶嵌于企业的各种惯例、组织与管理程序之中，而组织与管理程序受企业过去所在的位置及路径演化的影响（Winter，2003）。具体来说，组织与管理程序是组织做事的方式或常规，它的作用是协调/整合组织内外部的行动与技术、进行组织学习，使员工能通过组织惯例获得组织解决问题的独特方式，并内化为员工的行为模式，以及对组织进行重组与转变以应对迅速变化的竞争环境。企业的位势是由企业所拥有的独特的技术、知识和关系网络等决定的，具体包括技术资产、互补资产、财务资源、商誉资产、结构资产、制度资产、市场资产和企业边界。企业的位势是由企业的历史积累决定的，在科技迅速改变的环境下，原有的市场优势很容易丧失，因此组织的绩效取决于企业的核心能力而不是市场位势。路径是指企业在技术轨迹上的策略性选择，或规模递增情形的出现与消失。企业目前的位势与可选择道路决定了企业的发展方向，而企业目前的位势通常反映出过去的发展轨迹，企业先前的投资行为或发展历程对企业将来的行为形成约束，因此企业在技术发展道路的选择上具有路径依赖性。企业过去的科技机会将影响企业未来在特定领域中产业行为的持续，而竞争对手之间的研发活动也会冲击彼此间科技机会的深度与广度。

动态能力可以使企业在给定的路径依赖和市场位势条件下，不断地获得新的竞争优势。因此，企业的竞争优势来源于有利于形成和维持动态能力的组织过程、专有资产状况和获得这些资源和能力的路径。但是，Teece 等对动态能力的形成和发展问题却没能做出解释。自 20 世纪 90 年代以来，经济形态逐步由工业经济向知识经济过渡，企业的经济活动不再单纯依靠物质资源的投入，知识在经济发展中的地位越来越重要。企业在探寻竞争优势的过程中逐渐发展起来一种全新的企业理论——企业知识理论。

五、企业知识理论

“知识”一词最早来源于哲学领域，古希腊哲学家柏拉图提出知识是“被验证过的真实的信念”。之后的学者们从不同角度对知识的概念进行了描述，但迄今还没有形成统一的认识。为了明晰“知识”的概念，有必要将其与“数据”和“信息”的概念进行比较和区分。Alavi 和 Leidner（2001）认为，数据是事实和未经处理的数据；信息是处理过、解释过的资料；知识是个人化的信息。Robert 等（2002）认为，数据是在情境中收集到的客观符号；信息是在情境中数据所呈现出来的关联；知识是由任务所产生的信息中展现出来的模式。Nonaka（1994）认为，信息是一串信息流，而知识是基于知识拥有者的承诺及信念，是被创造和组织过的信息。因此，知识与信息最大的区别在于知识与某种特定的立场、看法和意图有关，知识还涉及行动和意义，即知识通常含有某种目的，并与特殊情境相互呼应。Law 和 Lee-Partridge（2001）认为，信息的内涵非常广泛，包含许多领域，信息可以被收集、分析，但无法被内化；而知识是信息的汇总，是信息的一个子集，可以被内化为个人的隐性知识。此外，知识受限于特定的领域或任务，以追求组织目标为最终目的。因此，知识被视为可被内化的且可被付诸行动的信息。Beckman（1999）提出了一个由低到高的五层知识转换模式，认为数据是一系列文本、事实、代码、图像和声音等的集合；信息是有组织的、结构化的、概括性的数据；知识是一些案例、规则、过程和模型的集合；技艺是迅速而正确的意见、解释，以及对结果的判断和推理；能力为最高一层次，是有组织的经验、知识库、整合的绩效支持体系等。综合学者们的研究，本书采用 Davenport 和 Prusak（2000）对知识的定义，即知识是由框架式的经验、价值观、前后相连的环境及专家的洞察力等一同构成的，是流动的、动态的，又是无形的，存在于个人的思想之中，又潜在于文件、存储对象、日常事务、程序惯例、行为标准等相关载体内，能够促成新经验及信息的评估和融合。

企业知识基础理论的提出基于以下假设（章威，2009）：①知识是极为关键的生产性资源。②知识可以分为显性知识和隐性知识两类。前者是可以被“编码”的，因而转移成本较低；后者仅能在应用中被体现因而难以转移。知识也可以分为通用知识和特殊知识（Hayek，1945）。前者可以被广泛理解，因而容易集聚起来完成某些生产活动；后者与特定时间和特定环境相关，因而散落在各处难以集聚。知识转移的难度也取决于接受者知识的能力。③个人是知识的主要创作者，也是隐性知识的主要存储地。如果个人的学习能力有限，那么个人知识深度的加深意味着其知识宽度的削减。同时，生产往往需要应用多种类型的知识。④大多数知识都具有规模和范围经济性。尤其是显性知识，一旦被创造，则其被应用的边际成本很低。企业知识主要包括四个方面：物化在机器设备、工艺流程和产品与服务中的知识；体现在书本、资料、说明书、报告中的编码后的知识；存在于员工头脑里的显性和隐性知识；体现在组织惯例、制度和企业文化中的知识。

企业知识理论与古典企业理论、企业契约理论的不同之处在于以下几方面。首先，古典企业理论将企业看成是土地、劳动、资本等投入的组合，认为企业的功能就是把土地、劳动、资本等生产要素投入转化为一定的产出；企业契约理论将企业看成是土地、劳动、资本、设备、原材料等投入品所有者之间的契约的集合，认为企业本质上是市场的替代，企业存在的目的是用行政管理机制代替市场价格机制从而节约交易费用；而企业知识理论则认为，知识是企业唯一具有实际意义的资源，其他资源由于可以从市场上轻易获得而不具有实质性的意义。其次，古典企业理论认为，企业组织协调投入与产出之间关系的能力是一定的，从而将企业当做一个从投入到产出的“黑匣子”，没有分析企业的内部结构。企业契约理论认为企业是用行政手段的协调代替市场机制的协调，它的前提假设是企业不存在不完全理性和机会主义，协调的目的就是为了降低由机会主义产生的交易成本。交易成本是指通过市场进行的对资源进行组织的成本，管理成本是指企业内部对资源进行组织的成本。当市场运作成本大于管理成本时，利润最大化要求企业替代市场，于是出现了企业这种形式。而企业知识理论是从知识的特性和知识利用的相对效率的角度解释企业为什么存在，强调的是知识及其应用的相关成本。Demsetz（1988）探究了决定企业配置、开发和保护资源的能力要素，认为知识因素是企业出现的原因之一。因为企业在生产过程中最重要的投入是知识，企业是生产性知识的集合体。但知识又是由个人掌握的，并专业化于某一特殊领域，知识获取比使用需要更强的专业化，因此知识的专业性决定了生产活动需要拥有各种不同类型知识的个别专家的共同协作和努力。有效的生产要求要存在能起到协调个别专业人员知识功能的制度。然而，市场并不能承担这种协调作用，因为市场在协调过程中因隐性知识的不可流动性及潜在购买者占用显性知识的风险而失效。这样，企业作为整合知识的制度而存在，知识成本的节约决定着企业的纵向边界，将不同的知识集合起来用于决策明显可拓展决策的机会集合。企业的本质就是生产活动所需知识的获得、运用和积聚的有效制度，这种制度能够使多个个体集中使用其各自拥有专业知识的环境和条件，这实际上就是隐性知识的交流、转移与共享等所需要的环境和条件。由于企业中知识的积聚是拥有各种专业知识的多个个体在生产过程中相互作用的结果，所以由此形成的有关知识资本是企业而不是个人所拥有的，也就是说，企业具有比其中各成员拥有的知识总和更多的知识。这些额外的知识体现在企业的惯例之中，惯例可能被看做是“一个组织技能的集合”，包括了“一个组织得以建构和在其中运营的行事方式、规则、程序、习惯、战略和战术”（Nelson and Winter，1982）。正是惯例的存在决定了企业这一制度在生产过程中协调个人知识和组织合作方面具有比市场更高的效率，也决定了企业在成长过程中呈现出路径依赖的特征。

对企业竞争优势的分析，企业知识理论指出，知识是企业最重要的异质性资源，是企业竞争优势的根源。企业的异质性起源于企业在生产过程中形成和积聚的知识的差异性。各企业所吸纳的人员的知识专业化方向和程度不同，并且各类人员之间相互作用的过程和作用的持续时间也不同，从而导致各个企业最终所积聚的知识（包括惯例）和能力具有差异性。所以，当各企业在从事同类生产活动时，也就不可能具有相同的生产成本，不可能获得相同的利润，不可能形成相同的竞争优势。因此，正是企业知识、知识结构和认知能力的异质性决定了企业的异质性。知识作为企业持续竞争优势的源泉的原因，一方面是由企业具有的知识存量的类型和特性所决定的，即具有意会性、过程性的知识与复杂性、相互关联性特点作用产生“原因模糊”使其难以观察和模仿；另一方面在于路径依赖性和历史依存性，使竞争优势得以保持和扩大。此外，企业持续竞争优势还必须依赖于企业知识保护的制度，即企业需提供一种“隔离机制”以保护企业的知识创新不被竞争对手盗用或模仿。

第二节 知识集成理论

一、知识集成的概念和内涵

最先提出知识集成的是Demsetz，他提出了企业知识不对称性的理论，认为知识是企业最重要的资源。他强调知识的专用性及每个员工知识获得能力的有限性，以及知识在组织内部的整合，并认为企业存在的原因之一就是要实现市场机制所无法达成的知识集成工作（Demsetz，1988）。Grant 和 Baden-Fuller（1995）指出，知识在市场交易的过程中充满风险与不确定性，加上知识专属性及知识获取的限制性问题，使得公司会将生产产品与服务所需要的知识资产在公司内部进行集成，通过公司的协调运作来规避知识在市场上传递的风险与不确定性，一方面免除外部交易过程中的投机主义，另一方面让各类知识专家彼此就近交流，促进知识的传递与整合。并且，在产品开发所需知识繁多，公司所能掌握的知识却有限的情况下，公司间通过战略联盟进行知识应用与知识集成的效率，将比通过市场交易或公司并购的效率更高。

Henderson 和 Clark（1990）在《结构创新：既有产品知识和公司失败》一

文中首次对知识集成概念进行了完整的表述。他们讨论了产品开发中的知识集成，认为企业的产品开发需要两方面的知识：组分知识（component knowledge）和结构知识（architectural knowledge）。组分知识是指产品每个部件的核心设计思想及把这些思想运用到特定部件的知识；结构知识是指把这些部件装配或连接在一起形成整体所需要的知识。组分知识的结构受到外部市场的需求拉动，常常是问题导向的，在特定的解决方案中，会产生结构知识，这个过程就是知识集成。

Kogut 和 Zander（1992）对企业的知识组合能力（combinative capabilities）进行了分析，认为知识组合能力是"对既有知识的新组合"及"运用未开发的潜在知识"。实际上，这种知识组合能力与知识集成能力在概念上是相同的。Iansiti 和 Clark（1994）进一步延展了知识集成的概念，认为组织的知识集成包括市场不确定环境下的客户知识集成和技术不确定环境下的技术知识集成，并把知识集成区分为企业外部知识集成和内部知识集成来描述企业能力的形成。Inkpen（1996）把知识集成定义为"知识的联结"，即个人与组织间通过正式或非正式的关系促进知识的分享与沟通，并使个人知识转变为组织知识。企业中个人之间可以通过技术共享、双方接触、员工流动、战略整合等建立联系，随着参与人员数量的增加，这种联系的规模会越来越大，速度会越来越快。Inkpen 把这一过程称为组织知识产生的螺旋，在这个螺旋中，知识逐渐由个人层次上升到团队层次，进而上升到企业层次。Conner 和 Prahalad（1996）认为，组织的首要作用就是为知识提供集成的意境和手段，以生产产品和服务。Grant（1996）正式提出了知识集成理论，认为在知识经济时代，组织本质上是一个集成知识的机构，并且是一个动态的、以知识为基础的活动系统，集成和应用组织知识的能力是企业建立和维持竞争优势的关键，因为如果知识不能被集成和共享，则它对于实现组织目标来说价值就极其有限。Grant 指出，组织知识集成的能力由组织的指导和惯例决定，组织能够从知识集成中获得的竞争能力取决于集成的效率、范围和灵活性。Grant 的研究已经被大部分的研究者所肯定，随后的研究者大都是基于他提出的企业知识理论进行研究的。

Iansiti 和 West（1997）指出，在竞争越来越激烈的产业中，企业产品发展所需的技术往往来不及自行建立，进行技术集成是这类产业的必然趋势，技术集成越成功的企业，研发效率越高，所创造的产品也越好。新经济时代的特性之一是科技与科技之间不断地融合，善于集成的企业将拥有更多创新的机会，相对地，也更具有在全球竞争的环境下获得成功的优势（Teece，2000）。Volberda 和 Lewin（2003）也指出，企业竞争的优势来自集成的知识，而不是单一的知识，因为集成的知识才能指引企业在快速变动的环境中，做好产品与市场的组合，快速而有效地发展产品以供应不同的市场需求。Shin 等（2001）

认为，知识集成能促进组织不同层面知识的传授、组合和整合，通过集成和整合，专业的知识才能产生价值。

Knights 和 Wilmott（2002）对项目团队中的知识集成进行了研究，认为项目团队中的知识集成不仅仅是把多方面的“知识片”进行机械式的汇聚，相反，它取决于共同的知识开发。Tiwana（2001）提出，知识集成是一个项目团队通过实践将他们的组件知识集成为项目执行中的高层次的体系知识。Huang 和 Newell（2003）则认为，知识集成是通过组织成员的社会交往持续进行共享信念的构建、积累和提炼的集体过程。知识集成意味着知识可以在需要的地方被交换、共享、发展、精炼等。因此，知识集成的概念可以从组织、团队和个人不同层面来理解（Badii and Sharif，2003）。王娟茹和赵嵩正（2004）认为，知识集成就是运用科学的方法，借助于信息技术，对组织中不同来源、不同层面、不同结构、不同内容的知识进行交流和共享，使内部知识、外部知识、原有知识、新获知识、显性知识和隐性知识经过共享整合形成新的知识体系，实现“1＋1＞2”的整体效果。知识集成过程输入的是分散的专业知识，输出的是具体项目的系统知识，通过集成把分散的专业知识整合成统一的、连贯的知识。高巍等（2004）总结了知识整合的含义：知识整合是企业知识的组合或联结；整合对象是既有知识，包括企业内部知识和外部知识；整合基础是组织成员的充分交流与沟通；知识整合能力是组织的基本职能和组织能力的本质。陈力和宣国良（2005）认为，知识集成是指企业为了适应环境的变化，从利益相关者身上识别知识、筛选知识、吸收知识，然后再对知识进行个人层次的提炼、共享，将个人知识上升到组织知识并使组织拥有能力去发展新知识的过程，这个过程使得组织具有行动的一致性、执行的高效性、应变的灵敏性。

二、知识集成模型

（一）SECI 模型

基于认识论的观点，企业中的知识可分为隐性知识和显性知识。隐性知识与显性知识的概念最早是由 Polanyi（1962）提出的。他认为，显性知识是可用正式的系统语言来表述的，可用数据、科学公式、说明书和手册形式来共享的知识，它容易独立于企业和其成员，并能跨时间与跨空间地转移、交流、传播和储存。而隐性知识是不可能被表达出来或共享的知识。隐性知识是高度个人化的、主观的、基于长期经验积累的知识，它不能用几个词、几句话、几组数据或公式来表达，因此很难规范化，也难以传递给别人，其包括信仰、隐喻、直觉、思维模式和所谓的诀窍等。这些隐性知识一部分附着在人们经验化形态的技能之中，另一部分隐含于群体所认同的信念和文化之中，对其管理往往是通过员工情感交流、团队合作等途径来强化实现的（Nonaka，1994）。隐性知识和显性知识根本的不同之处在于，这类知识的交流和转移需要企业成员之间的密切信任和互动，而且隐性知识对显性知识的发挥起到凝聚、催化和集成放大的作用。对于企业而言，隐性知识由于不易被人所模仿，所以成为企业核心知识和创新的源泉，是企业保持竞争优势的秘方。根据显性知识和隐性知识之间的差别，Nonaka 和 Takeuchi（1998）提出了组织中知识集成的 SECI 模型，将知识集成分为：隐性知识之间的集成，即知识的社会化（socialization）；隐性知识显性化的集成，即知识的外在化（externalization）；显性知识之间的集成，即知识的综合化（combination）；显性知识隐性化的集成，即知识的内在化（internalization）。

隐性知识之间的集成是知识社会化的过程，是通过相互间的交流与沟通，促成知识在不同员工、企业间的转移、共享和集成。这一过程的关键是组织成员如何积极贡献自己的隐性知识为集体共享。企业文化、管理机制和集成工具是促进知识社会化的重要手段。例如，可以通过面对面交流、学徒模式、实践社群及企业内部的导师制实现隐性知识之间的集成（王娟茹和赵嵩正，2004）。

隐性知识的显性化是知识外在化的过程，是寻找有效的方式将难以表达的隐性知识变为显性知识，往往通过隐喻、类推、丰富的语言想象、故事、可视化工具、模型、图标等实现，或者通过与知识集成相关的会议系统、个人主页、知识库管理系统等，使组织成员将自己的经验转变成共享的显性知识。

显性知识之间的集成是知识综合化的过程，是将一些分散的显性知识整合成新的更复杂或系统化的显性知识，并在组织范围内进行共享。可以通过文档、会议、正式或非正式的交流来实现。

显性知识的隐性化是知识内在化的过程，是通过组织成员对共享知识的学习实现的。组织可以通过培训、体验式学习或内部的知识分布图，帮助企业员工快速找到和理解所需要的知识，提高集成效率。

（二）ITOI 模型

根据知识的所有权不同，可将知识划分为个人知识（individual knowledge）、团队知识（team knowledge）、组织知识（organizational knowledge）和组织间知识（inter-organizational knowledge）。

企业是由个人组成的，个人拥有大量的、极其复杂的知识，这些知识不仅包括专业知识、工作技能、诀窍、个人专利和发明，以及个人的生活常识和体验，还包括更高层次的思想和价值观。个人不仅是知识的积累者，也是知识的应用和创造者。在复杂的个人知识中，有的是独有的，有的是共享的。由于个人知识丰富复杂，个人往往无法将自己的知识全部理清，也无法编成目录，只有在需要时才搜索、思考并创新个人知识。

企业中的团队可以分为两类，一类是专项团队，即团队成员来源于组织中各部门的相关员工，他们为解决某一特定项目而集合，一旦这一项目完成就会解散，人员回归到原有部门；另一类是固定工作团队，这类工作团队一般是固定而长期性的，目的是完成日常性的组织中的相关业务工作。企业中团队的组建都是以明确清楚的目标作为前提条件，每一个团队成员为追求这个目标而团结奋斗，团队成员在有效的组织架构下进行明晰的分工与定位，每位成员有其相应的责任。比较有代表性的团队有新产品开发团队、再造企业工程团队等。企业中的团队往往是新知识的摇篮，或者是运用一个全新的方法来应用知识，实现重大的、新颖的和富有创造性的创新。

对于组织知识这一概念，大致有三种不同的理解：①组织内部全部知识的总和；②与个别成员或部门的特殊性无关，由组织各部门和各成员共享的知识，包括公认的事实、准则、信仰、经验、限制、禁忌等的全体；③有关组织正常运作必需的"元知识"，包括关于组织原则、资源管理、人员管理、业务流程、惯例等在内的知识（裴学敏和陈金贤，1999）。一个企业中的组织知识包括企业的环境知识、市场知识、产权知识和企业管理知识等多种知识形态。它围绕着产品、服务、工序、技术、结构、地位和相互关系而变化，即围绕企业的生产经营目标而产生改变和创新。

组织间知识产生于组织与客户、供应商等以战略联盟、虚拟企业、产学研合作等形式形成的知识网络。在这种知识网络中，位于不同节点的成员企业所拥有的知识资源往往是各不相同而又互为补充的。每一个企业都有其核心知识和优势知识，由这些异质而又互补的知识资源聚合而成的"知识库"显然要比任何一个成员企业所拥有的知识都更加丰富。例如，供应商一般对其所提供产品的性能、制造与使用等方面的知识有比较全面和深入的了解，但对该产品在使用过程中存在哪些缺点，以及要在哪些方面进行改进等方面的知识则掌握得比较少，而制造商又往往不能完整地拥有供应商所提供产品尤其是专用设备的使用与维修方面的知识（陈菊红等，2002）。

从本体论的角度看，知识集成可以看做个体知识、团队知识、组织知识和组织间知识在同一层面和不同层面的集成，即知识集成的 ITOI 模型，如图 1-1 所示。

个体知识集成是个体运用因果联系或结构化推理创造显性知识，或通过感性的、个人的主观推理创造隐性知识的过程。

团队知识集成是指团队中的个体通过 SECI 过程不断积累知识，团队又从企业更高层面（组织层面和组织间层面）和企业成员中获取知识，在不同的团队成员之间进行知识集成。

组织知识集成是指组织由许多团队组成，而这些团队又由许多不同的个体

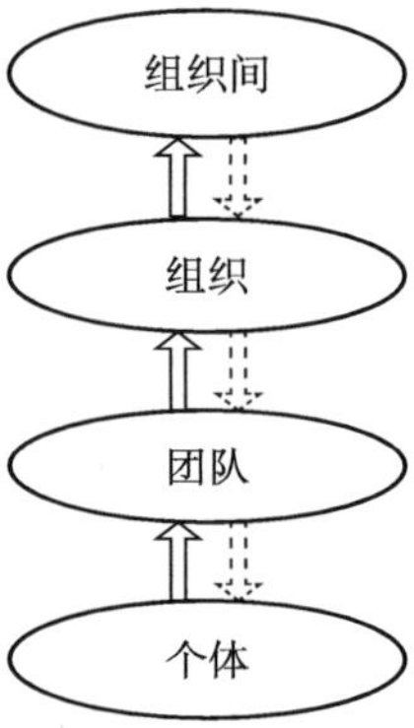

图 1-1 知识集成的 ITOI 模型

资料来源：王娟茹和赵嵩正（2004）

组成，组织还可以从更高的层面——组织间层面获取知识。组成组织的团队和个体从自己的知识集合中不断为企业提供有利因素，激发了组织层面的知识集成过程。

组织间的知识集成是指组织与其所处的环境中的其他主体（包括客户、供应商、政府、公共部门等）之间的知识集成。组织和其环境之间的联系不断为组织之间的知识集成过程提供刺激和知识，从而使组织和组织之间在联系中集成知识和积累知识。

（三）知识集成三维模型

知识集成的 SECI 模型和 ITOI 模型都没有考虑组织知识的内部性和外部性。内部知识是企业知识创新的基础，但外部知识的作用更不容忽视。企业知识集成过程不仅要考虑隐性知识和显性知识的集成，以及企业内部各层面间的知识集成，更重要的是要能够集成和利用企业外部的知识。因此，可以将企业中内外部知识在个体、团体、组织不同层面的集成模型与 SECI 模型和 ITOI 模型相结合，形成知识集成的三维模型，如图 1-2 所示。

从个体层面来讲，个体知识的集成就是个体内外部知识的 SECI 过程和 ITOI 过程的交互。

对于团队来说，不仅可以通过个体和要素进行自身层面知识集成的 SECI 过程，也可以通过与较高层面的企业、较低层面的个体和外部组织中获取有利因素激发知识积累过程中的不同集成过程，形成团队层面知识的 SECI、不同层面间和内外部集成的三维模型。

对企业来说，企业作为一个系统，由许多团队和子系统组成，而这些团队又由许多不同的个体组成。企业与其所处的环境持续相关，这又使得企业可以

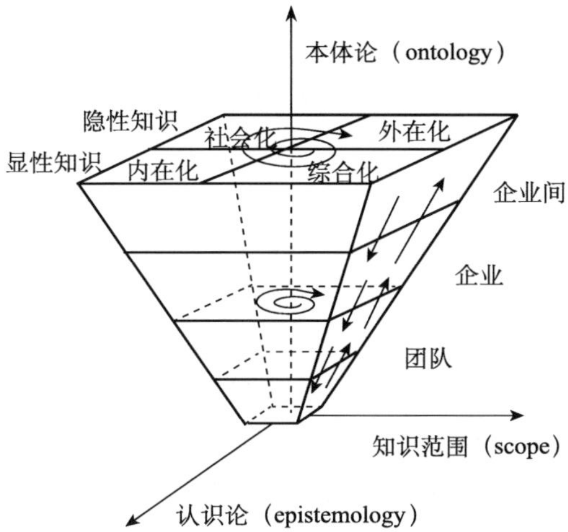

图 1-2　知识集成的三维模型

资料来源：王娟茹和赵嵩正（2004）

从更高的系统——企业之间层面获取知识。另外，组成企业的团队和个体从自己的知识集合中不断为企业提供有利因素，形成了企业层面知识的 SECI、不同层面间和内外部集成的三维模型。

企业所处的环境包括客户、供应商、竞争者、政府、公共部门等主体，企业和其环境之间的联系不断为企业之间知识的 SECI 的集成过程提供刺激和知识，在企业之间层面形成了知识的 SECI、不同层面间和内外部集成的三维模型。

这样，通过内外部个体、团队、企业、企业间隐性知识和显性知识的集成，企业内部的知识积累不断扩大，并在此基础上开始了又一次的知识集成螺旋上升运动，而且是起点更高的一次知识集成螺旋上升运动。

三、知识集成机制

Grant（1996）首先提出了知识集成的四种机制：①通过规则和指导最小化所需要的沟通，有效集成专业化知识。②知识转移。即知识从一个人传递到另一个人，要么是传递给第三者，如某个经理或中介，他们的任务是集成和使用这两套知识。③顺序。将生产活动切割成为各个不同连续性阶段，且每个阶段所需的专业知识互不影响，将可以使专业知识的整合需求降低。④惯例。通过一些初始设定的符号、选择、功能等，累积成为一种相对复杂的行为类型，可以成为规则、指导原则或口头沟通之外的一种支持个体间互动的工具。

Inkpen（1996）认为，知识集成是通过“知识的联结”实现的，即个人与组织间通过正式或非正式的关系促进知识的分享与沟通，并使个人知识转变为组织知识。企业中个人之间可以通过技术共享、双方接触、员工流动、战略整合等建立联系，随着参与其中的人员数量的增加，这种联系的规模会越来越大，速度会越来越快，这一过程称为组织知识产生的螺旋，在这个螺旋中，知识逐渐由个人层次上升到团队层次，进而上升到企业层次。

Knights和Wilmott（2002）对项目团队中的知识集成进行了研究，认为项目团队中的知识集成不仅仅是把多方面的“知识片”进行机械式的汇聚，相反，它取决于共同的知识开发。Tiwana（2001）提出，项目团队中的知识集成是通过实践将组件知识整合为项目执行中的高层次的体系知识来实现的。Huang和Newell（2003）则认为，知识集成可以通过组织成员的社会交往持续进行共享信念的构建、积累和提炼来实现。Morosini和Renaud（2003）提出了企业知识集成的四种机制：跨越边界的领导、沟通机制、协调机制和组织的模块化。

国内学者吴若君（1997）将知识集成机制分为四类：①组织机制，包括方向/目标、顺序/流程、惯例；②界面沟通机制，包括共同语言；③多元专业个人机制；④团队运作机制，包括团队/对话。张凯均（1998）将知识集成机制分为三类：个人、团队和文件化。陈劲（2002）从战略集成的角度提出实现知识集成的主要措施是要加强战略集成，提升“T”型人才充足度、技术文档充足度、技术文档使用程度、项目正式研讨的每月频度、非正式研讨的种类等，并提出组织集成是落实知识集成的关键，包括进行跨职能的充分交流和沟通协作的内部知识集成（网络型组织）、加强和用户及供应商等外部组织的集成（知识联盟）。陈力和鲁若愚（2003）提出，通过建立知识集成的系统支持平台，重视知识挖掘，强调知识分享，建立基于对等知识联网的柔性组织来实现知识集成。赵修卫（2003）则把知识集成机制分为需要（知识集成产生于组织需要并受其约束）、联系（使不同主体、特点的知识产生相互作用）、可转移性（即知识能否转移并被整合）和方式（即知识集成的实现方式）四类。

赵宝天和李成标（2006）提出，通过共享文化、学习型组织和知识集成平台实现产品开发过程中的知识集成。甘露和曾德明（2006）认为，高新技术企业虚拟研发团队的知识集成首先需要建立动态的组织结构、建立知识联盟、培养兼容的团队文化和信任的环境，其次要选择合适的知识集成模式。孙遹（2006）提出，基于知识服务创新要素的结构集成模式包括主辅分离、集成重组模式、战略联盟模式等，客户需求和服务的集成是工程咨询业服务过程集成模式的关键。励凌峰和黄培清（2005）从知识和能力的角度探讨了并购中供应链知识的整合与转移问题，将供应链知识整合方式分为重组式整合、共生式整合、保护性整合和吸收式整合等四种模式。刘徽和葛汝刚（2006）分析了在供应链管理中实现知识整合和共享可能存在的“交叉点”企业的问题，提出了建立知识风险等级排序、利用合同、限制交叉点企业及交叉点企业建立知识转换系统等解决办法。杨瑾和蔡依平（2006）认为，知识通过在供应链流程中的集成，不仅可以实现知识在供应链成员企业间进行扩散与转移，而且可以增强供应链整体的知识竞争能力。他们通过分析供应链流程管理中的知识类型，提出了基于对等联网的知识整合机制。

第三节 企业知识集成能力体系架构研究

一、知识集成能力的概念剖析

集成是一种普遍存在的现象，例如，自然界多种自然因素协同作用所产生的各种植物生态群落、社会领域相关企业所组成的战略联盟、技术领域的合金材料和数控机床等都是典型的集成现象（傅湘玲和赖茂生，2004）。对于集成，不同的学术领域、不同学者有不同的理解，目前尚未形成统一、公认的定义。Fox（1996）认为，企业中的集成就是指“组织中的每一个部门都有权使用与其任务相关的信息，能够预测其行为将会对其他部门产生的影响，因而可以选择适当的方案，使组织目标最大化”。李宝山和刘志伟（1998）认为，集成从管理角度来说是指一种创造性的融合过程，即在各要素的结合过程中，注入创造性的思维。也就是说，要素仅仅是一般性地结合在一起并不能称为集成，只有当要素经过主动的优化，选择搭配，相互之间以最合理的结构形式结合在一起，形成一个由适宜要素组成的、相互优势互补、匹配的有机体，这样的过程才称为集成。集成的本质是一种竞争性的互补关系，即各种要素通过竞争冲突，不断寻找，选择自身的最优功能点，在此基础上进行互补匹配。集成是含有人的创造性思维在内的动态过程，它能成倍地提升整体的效果，有利于优胜劣汰，有助于实现动态平衡。企业的物质资源是有限的，而知识资源则是无限的，集成无限的知识资源将会给企业的生存和创新带来无限的发展空间。

自 20 世纪 90 年代后期知识集成理论被提出以来，虽然已有学者认识到知识集成的重要性，及其对企业战略的重要作用，但学者们多集中于研究知识集成行为如何对组织整体绩效产生影响，以此间接体现出知识集成的能力水平，对知识集成能力直接进行解构的研究较少，对知识集成能力的概念和内涵还没有统一的认识。de Boer 等（1999）、Kogut 和 Zander（1992）及 Teece 等（1997）认为，知识集成能力是三种能力的综合：①系统化能力：指生产作业遵循标准化的程度。②社会化能力：指企业文化、价值和信念的推动将隐性知识整合成新知识的能力。③合作化能力：指组织内成员与内外部单位或团体彼此支持将显性复杂或隐性知识整合成新知识的能力。沈群红和封凯栋（2002）认为，知识集成能力指的是组织对内部和外部不同类型知识有效地识别、利用和提升的能力，也是组织促进不同主体维度上知识彼此互动、产生新知识的能力。陈力和宣国良（2005）认为，知识集成是指企业为了适应环境的变化，从利益相关者身上识别知识、筛选知识、吸收知识，然后再对知识进行个人层次的提炼、共享，将个人知识上升到组织知识并使组织拥有能力去发展新知识的能力。知识集成能力可分解为知识的吸收能力、共享能力、系统化能力和发展能力四种子能力，能够使组织具有行动的一致性、执行的高效性和应变的灵敏性。王娟茹和杨瑾（2005）认为，知识集成能力是指在知识管理过程中，整合和应用现有的及获取外部知识的动态能力。知识集成能力是积累的、渐进的动态过程，它可以看做促进新旧知识、内外知识重新组合的一种新的集成模式，这种知识的集成可以引起重大变革，同时知识集成能力很难被竞争者模仿，是企业形成竞争优势的因素之一。陈福添（2006）认为，知识集成效果可以通过知识获取能力、知识转化能力、知识转移能力、知识运用能力和知识保护能力等指标来衡量，这些指标衡量了知识管理的整个过程。赵嵩正和王娟茹（2007）认为，知识集成能力是积累的、渐进的动态过程，是一种获取并应用个别知识的综合能力，由关系资本、学习能力和吸收能力构成。王娟茹和杨瑾（2009）对复杂产品研发团队的知识集成能力进行了研究，将其知识集成能力分为学习能力、吸收能力、共享能力、协调能力和领导能力。

综合以上研究，学者们虽然对知识集成能力的定义各有不同，但却存在以下共同点：①都认为知识集成能力既包含内部知识集成能力，即对内部知识的综合、利用和提升能力，也包括外部知识集成能力，即对外部知识的识别、获取和吸收能力；②都认为知识集成能力是由个人和组织等不同主体之间彼此互动而形成的，体现在由个人知识到组织知识的上升过程中，是一个动态的过程；③都认为知识集成能力能促进企业新知识的产生或促成企业对知识的创新型应用，即能为企业创造价值；④都认为知识集成能力能使企业更能适应环境变化，形成企业的竞争优势。因此，本书认为，企业知识集成能力是企业为适应外部环境、创造价值而对企业内部知识进行提炼、共享，并对企业外部知识进行获取、吸收，经由组织内外不同主体的彼此互动，将个人知识上升到组织知识，并提升、利用已有的知识，产生新知识的能力。此定义有以下几层含义：①知识集成能力存在的目的是使企业适应外部环境，创造企业价值；②知识集成能力体现在企业对内部知识进行提炼、共享，并对企业外部知识进行获取、吸收的过程中，此过程又是由组织内外不同主体彼此互动完成的，互动目的是实现知识的充分共享，将个人知识上升到组织知识，不断整合、完善组织的知识库，提升企业作为一个整体的智商；③知识集成能力的作用结果是实现企业创新，这种创新可能表现为新知识的产生或已有知识的新应用等。

Grant（1996）指出，知识集成的主要机制是指示、先后顺序和惯例，由此可见，企业知识集成是根植于组织的程序惯例和日常事务的。知识集成是企业通过各种科学手段和管理控制等职能将企业所占有和能够使用的知识加以重新组合、融合、转换、集成、联结成为相互作用、相互依赖的知识体系。其真正内涵是知识的系统化建构，盘活存量，吸引增量，加大总量，使企业的知识资本总量增加、质量提高。其目的是实现现有知识的新应用和知识创新，进而提升整个企业的知识水平和组织智商，增强企业的竞争力。在此过程中表现出来的能力，就是企业的知识集成能力。知识集成能力一般体现在组织管理程序和技术组成之中，但实际上与组织文化也是密切相关的。企业知识集成能力反映为组织中知识的运动，是企业用于动员、协调和开发资源以创造价值的管理活动、过程与规范的理论和经验体系，具有知识专有性和管理实践性。

知识集成能力、核心能力和动态能力都是在探索企业竞争优势的过程中被提出来的，因此三者有很多相互融合之处，但由于研究视角的不同又各有侧重。三者的共同之处在于：①三种能力理论都源自一个理论基础，即 Penrose 提出的企业内在成长论，因此理论基础根源相同；②三种能力都隐含着一个相同的前提假设，即都认为企业是异质的；③三者都强调企业的竞争优势来源于对资源的配置和整合能力。三种能力的不同之处在于：①从技术角度分析，Prahalad 和 Hamel（1990）提及的核心能力更关注特殊的技术能力，知识集成能力建立在“结构知识”的基础上（Henderson and Clark，1990），是一种更高层次的能力，与特定领域的技术知识关系相对不大，而动态能力侧重于对外部竞争环境变化的反应能力。②从管理和组织角度分析，传统意义上的核心能力是一种积累性的能力，与企业的长期战略密切相关，而知识集成能力需要对变化的外部环境（如市场的转变、外部新技术的出现等）做出反应，对知识集成的范围及时进行调整，从这个角度来讲，知识集成能力与动态能力的概念更加相近（Eisenhardt and Martin，2000）。③知识集成能力比其他两种能力更加强调知识创新。知识整合的核心思想是在知识存量增长有限的条件下通过改善企业知识结构来改变知识的运用方式，提高知识的利用价值。整合后的知识一方面为创新提供了更有效的知识资源基础，即提高了知识库的使用价值；另一方面经过梳理和整合后的知识更加明确地指出了创新的方向和应采取的方式。这意味着知识整合增加了产品创新，或是提供生产产品所需技术的创新，或是提供管理创新的机会（郑景华和汤宗益，2004）。

二、知识集成能力的特点

（一）知识集成能力根植于企业的知识流程

企业能力理论学派认为，能力是组织竞争优势的来源，在企业战略上具有重要地位，但对能力的定义和特性大部分却仍然没有一个统一的认识。Kusunoki和Numagami（1998）指出，对能力缺乏认识可能是由于企业大部分研究着眼于能力概念的发展，而没从经验上理解企业能力的多元结构。Penrose（1959）认为，能力更多地与过程有关，并以一种流量的形式体现在活动之中。一个企业获取租金可能并不是因为它有更好的资源，而是因为它具有更好地利用这些资源的特别能力，因此Penrose将企业能力定义为资源的最优配置和使用。Grant（1991）认为，能力就是完成特定的任务或活动的一组资源所具有的能量，能力不仅是资源集合，更是企业内部所形成的人与人、人与其他资源之间的相互协调的复杂模式。Dosi和Marengo（1994）认为，能力代表了组织内资源之间的相互作用，具有显著的惯性及企业专用性，它随实际问题的解决而改变。在实践中，资源和能力的应用不能被分割对待，因为它们之间具有双重关系。一方面，有效能力的应用依赖于资源的储备；另一方面，资源的获得依赖企业的才能。Amit和Paul（1993）认为，能力是企业对其资源进行配置的能力，是基于信息的、有形或无形的企业特有的过程，并且通过企业资源长期的相互作用而产生和发展。能力表征了不同企业之间的异质性，具有难以模仿和难以替代的特性，并且能力具有战略潜能来挖掘机会和回避威胁，它能够让企业获取所在市场中接近垄断的位势，进而为企业带来竞争优势。演化经济学家Nelson和Winter（1982）把组织能力称为惯例（routine），它实质上是一个企业抽象的做事方式或重复的活动方式，主要包括企业进行审慎思考和实施的能力，类似于个人的技巧。Nelson和Winter认为，企业的惯例可以被看做企业的“记忆”，企业依靠日常运作或行动实践来“记住”和发展其惯例。惯例化使得企业完成某些行为或活动可以几乎不受人类记忆的固有的局限性的限制或约束，从而使得企业能够自动或无意识地运行。这种惯例意义上的组织能力表明，能力是企业整体所拥有的各种知识的有机体或整合体（张鹤达，2008）。Grant（1996）指出，知识集成主要是通过指示、先后顺序和惯例等机制实现的。Teece等（1997）认为，企业能力是将企业的生产要素和专有资产有机地整合起来的组织惯例和管理活动。综合以上学者的研究，本书认为，企业知识集成能力作为一种特殊的企业能力，也是体现在对知识资源的配置过程中的，是根植于组织的程序惯例和日常事务的。企业知识集成能力是对企业内外部知识进行整合、利用以创造价值的管理活动、过程和规范的总和，它根植于一个组织的运作程序和惯例，表现为一系列过程与活动的组合，包括知识的识别、筛选、吸收、提炼、共享、提升等一系列过程。通过这些活动，企业能够有效地发掘知识资源，不断地增加知识在企业中的存量，对企业的知识库进行整合和完善，并使其最大化地发挥作用。

企业内部和外部存在的各种知识是知识集成的起点，而知识的产生依赖于各种正式和非正式的学习机制，如企业内部的会议、培训、顾客调研、与顾客或贸易伙伴的会议和讨论、销售报告分析、正式的市场研究等。知识的产生并非仅仅是研发部门的责任，企业中包括研发、生产、服务等所有相关职能部门均能积累并获取有关产品技术、顾客和竞争者的信息。因此，应当有相应的机制来确保这些信息在所有部门间的有效传播与共享。知识的沟通和传播对企业的知识集成能力至为关键，因为它提供了所有部门行动一致的共同基础。在知识充分沟通和传递的基础上，企业利用知识进行相应的营销决策与产品决策。此外，企业不但要能够积极主动地学习各种知识，并结合自身知识产生新的经营知识，利用这些知识来做出决策、参与市场竞争以获得知识集成能力，更重要的是，企业要能够利用这些知识改造自身的运营，使其更好地成为适应市场要求的知识主体。因此，企业的知识集成能力本质上是一系列知识活动的组合，即企业的知识过程。

（二）知识集成能力是企业竞争优势的来源

首先，企业知识集成能力具有价值性。其价值体现在新知识的创造和企业创新能力的提升中。企业的创新能力依赖于企业已有的知识积累，企业的知识存量是企业创新和吸收外部知识的基础。Nonaka（1991）指出，知识集成是实现企业知识积累和创新的途径之一。企业的知识集成体现的是知识要素的创造性的融合，由于不同的员工、不同的项目开发团队、不同的职能部门所掌握的知识是不同的，具有一定的互补性，在知识的交流和共享过程中，不同职能的知识互相扩散吸收，在集成过程中促使新知识的产生和商品化。知识集成能力还能弥补企业创新中的“知识缺口”（徐杰等，2004）。“知识缺口”是指组织的现有知识与实现其战略目标所应具备的知识之间存在的差异。“知识缺口”阻碍了组织知识链中知识的循环和创新，进而影响组织创新目标的实现。而知识集成能够扩展组织知识管理的范围，寻求组织间合作，形成以组织间知识共享为主要目的的知识集成网络，有效克服创新中的“知识缺口”，促进企业创新能力最大化地提高和持续。赵修卫（2003）认为，知识整合指知识的重构与综合，即在学习过程中，通过知识在组织中的流动和扩散，对所学知识进行评价、选择和重构，使不同主体、多种来源和功用的知识相互结合并综合成为组织的知识，即组织共享并能加以有效利用的知识，最终使其成为企业创新能力和竞争优势的基础。由此可见，知识集成能力具有构建企业创新能力和竞争优势的价值性。

其次，企业知识集成能力的构建需要大量的时间和专业知识，需要企业内各部门之间、企业与外界环境之间的大量知识和资源的交流，这一过程是极其复杂的。此外，知识集成能力需要对众多企业资源进行协调和整合，这一过程是嵌入企业的惯例、流程和管理规范中的，很难被竞争对手模仿，因此知识集成能力具有不可完全模仿性。

最后，企业的知识集成能力是在不断进行知识集成的实践过程中形成的，具有特定的目标性和方向性，总是和企业所要解决的问题相关联。企业的需求提供了知识集成的动机和方向，同时亦提供了知识的选择标准，企业是从所需解决的问题出发来判断哪些知识应该学习，以及是否应该将其结合到组织的知识体系。例如，具体到企业的产品开发，Sobrero 和 Roberts（2001）将其细分成两种需要，一是在短期内全面增强企业产品开发的能力；二是从长远优势出发，以短期低效率为代价来开发所需要的资源，扩大和增强组织内部的知识基础。以哪种需要为目的，无疑将对知识集成产生不同的影响，因此企业知识集成能力具有特定的组织倾向性（赵修卫，2003）。

综上所述，企业知识集成能力具备价值性、不可完全模仿性和组织倾向性，能够帮助企业带来持续的竞争优势。因此，企业知识集成能力具有战略特性，是知识经济时代企业竞争优势的来源和企业能力的本质。

（三）知识集成能力具有动态性和流动性

集成作为一种思想和方法，既可以产生新的事物，又可以是原事物的发展和完善，集成与发展变化是密不可分的。陈力和鲁若愚（2003）认为，知识集成是一个动态的过程，它是指企业对其内部的知识进行重新整理，摒弃无用的知识，并将企业中员工和组织的知识有机地融合起来，使之具有较强的柔性、条理性、系统性，必要的时候需对原有的知识体系进行重构，并以此形成企业新的核心知识体系。知识是在不断地发展变化的，因此知识集成既要吸收行业领先知识和企业欠缺的知识，也要摒弃那些与企业各领域知识关系不大或是陈旧、废弃的知识，还要挖掘组织内部的各种知识，以及知识之间的相互联系和动态关系，对组织的知识库进行更新和完善。知识集成的体系结构是一个开放式结构，与外界存在着广泛的交流与接触。知识集成绝不是现有知识的简单相加，而是一个知识创新的过程。知识集成的鲜明特征是知识要素与实践要素的整合，是认识中的实践整合，实践中的认识整合，是一个动态的过程。

Teece 等（1997）指出，动态能力包括两个含义："动态"是指组织能够及时地根据环境变化更新的能力，使能力与环境保持一致；"能力"强调采用、集成和重组组织内部和外部的知识、技巧、资源和功能性能力来配合环境的改变。动态能力的两个关键特征是动态性与能动性。动态性，即企业要依据外部环境变化适时而变；能动性，即强调对企业内部各项资源和技能的整合和重新配置。由此可见，动态能力是以知识集成为基础的。Kogut 和

Zander（1992）认为，知识集成能力来源于组织对内外部知识的不断学习和应用，因此当外部环境发生改变时，外部环境所能够提供给企业的知识也就随之发生改变。具备知识集成能力的企业在外部环境，主要是市场环境所提供的知识发生改变时，及时地对改变的知识加以学习，同时调整自己的内部知识结构，使之能够适应外部环境的改变，并将调整后的知识作用于外部市场环境。因此，企业的知识集成能力具备非常好的动态性。同时，当企业在对外部知识进行学习时，一方面企业会将学习的结果直接反馈于市场；另一方面则同企业内部经营原有的其他方面的知识相结合，从而产生新的知识，并将新知识反馈于市场。企业内部新知识的产生同时也伴随着企业内部资源的重新组合与调整。在新知识的指导下，企业需要重新调整自身的运营方式，以期达到更好地适应市场的目的。相应地，企业内部的各项资源，如资金、人员、流程等，也必须重新加以优化组合和调整配置，以适应新的市场形势的需要。可见，知识集成能力也具备良好的能动性。王娟茹和赵嵩正（2004）认为，知识集成能力是组织动态能力的重要组成，是保证知识资产有效整合、发挥作用的一种关键能力，而已有的知识基础和胜任要素则是知识集成能力得以发挥的前提，组织通过采用不同的知识集成机制来解决问题，使得企业的知识基础转化为创新的才能，知识集成能力则反映了组织这种转化和促进能力的特征。借用 Chandler（1990）三重投资的分析框架，知识集成能力是发挥知识资产潜在作用的关键因素，使得知识资产的潜在作用通过协调活动转化为现实性，同时，知识集成能力也保证知识资产和其他资产（如生产性资产、销售资产等）协调发展和彼此互补。

三、知识集成能力体系架构

对知识集成能力体系构架，已有学者进行了不同的划分。de Boer 等（1999）将知识集成能力划分为系统能力、协调能力与社会化能力。这三种能力分别侧重于知识整合机制的不同方面：系统能力侧重于代码、计划、程序等正式系统；协调能力强调运用培训、联络、参与等管理工具；社会化能力是通过价值和制度等文化手段促进知识整合。陈力和宣国良（2005）将知识集成能力分解为知识的吸收能力、共享能力、系统化能力和发展能力四种子能力。陈福添（2006）将知识集成能力划分为知识转化能力、知识转移能力、知识运用能力和知识保护能力。这些构建方法都是基于知识集成的作用机制来进行划分的，能很好地体现知识集成的特定过程和效果，但却缺乏对不同知识源知识的特定流程的思考，没有区别不同知识来源之间的知识能力构建差异。企业的知识来源不同，使得其在企业中的作用与表现存在着非常明显的差异。因此，在进行知识集成时，识别不同来源的企业知识，针对不同的知识特性进行管理和知识利用，从而使得自身的知识能力得到最好的建设与发挥，是非常重要的。因此，有必要按照知识的来源与构成来分析和构建企业的知识集成能力体系。本书即按照知识的不同来源将企业知识集成能力划分为内部知识集成能力和外部知识集成能力。

（一）内部知识集成能力

内部知识集成是企业对组织内部知识进行的集成。当代企业专业分工越来越细化，企业中重要的知识分散在各个部门和单位，对企业的发展和创新造成了障碍，因此有必要通过内部知识集成达到知识共享和提升，提高企业整体效率的目的。

由上述对企业知识集成的研究可以发现，尽管学者们对内部知识集成能力的理解不尽一致，但大多数学者都强调组织中知识由个人向组织的扩散和转化。因此，本书认为，企业内部知识集成能力是企业获取组织内部各类专业人员的知识并实现知识的转化和传播，形成新的可利用的知识体系的能力。组织中知识的转化和传播及新知识的产生是通过显性知识隐性化的集成（内化）、显性知识之间的集成（综合化）、隐性知识显性化的集成（外化）和隐性知识之间的集成（社会化）四个过程不断反复循环实现的（Nonaka and Takeuchi，1998）。因此，本书认为，企业内部知识集成能力包含了知识的内化能力、综合能力、外化能力和社会化能力四种子能力，如图 1-3 所示。

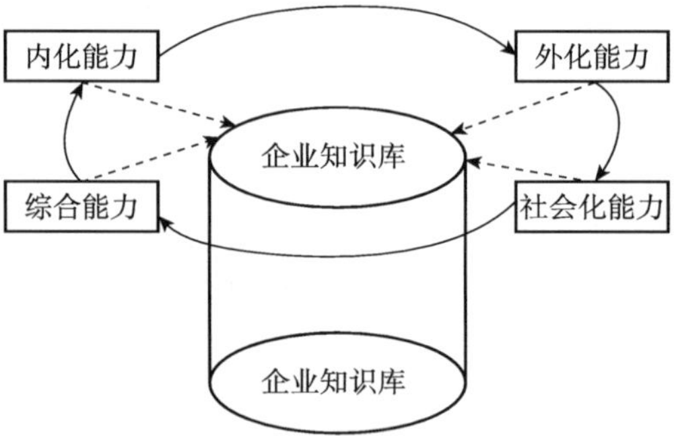

图 1-3　企业内部知识集成能力的构成

内化能力是显性知识隐性化的集成能力，体现在将共有显性知识形象化和具体化，并转化为个人隐性知识的过程中。现实世界的显性知识必须通过个人行动和实践来获取，通过一定的方法和手段，如“干中学”、在职培训等方式，共有的显性知识被企业员工吸收、消化，并升华成为他们自己的隐性知识，实现个人对外部知识的吸收及新的个人隐性知识的创造。

外化能力是隐性知识显性化的集成能力，体现在将隐性知识用显性化的概念和语言清晰表达的过程中。在这个过程中，隐性知识通过隐喻、类比、概念化和建模等方法转化为显性知识，使用各种形象化的语言来表达和传递隐性知识，能够在企业内部创造出新概念、新知识。外化能力使隐性知识变得更易被企业中的其他个体所接受和理解，并能够帮助企业员工超越他们现有的知识。员工间“对话”是共享各自信息和诀窍的有效方式，因此外化的主要影响因素是企业内部的交流沟通机制和员工的知识共享意愿。通过外化，可以使新知识在企业内部有效扩散，由于知识效用的边际递增特性，新知识的使用者越多，知识的价值就越大，知识应用的能力就越强。

社会化能力是隐性知识之间的集成能力，体现在企业不同员工通过相互间的交流与沟通，促成隐性知识的转移、共享和集成的过程中。隐性知识是高度个人化的、不容易表达出来的、难以规范化的知识，因此难以被别人复制或窃取，是企业形成核心竞争能力的基础和源泉（Quinn，1992）。新的隐性知识一般通过不同个体在相同环境中共同工作来创建，而不只是通过书写或口头表达的。社会化过程一般包括隐性知识的积累、各类社会信息的收集和相应工作环境的建立等。由此可见，知识的社会化是隐性知识在企业内部的扩散过程，为新知识在整个企业范围的应用创造了条件，关键是员工如何积极贡献自己的隐性知识为集体共享。企业文化、激励机制和集成工具是促进知识社会化的重要手段。

综合能力是显性知识之间的集成能力，体现在将一些零散的显性知识整合成新的、系统性的显性知识的过程中。零散的知识不是系统化的，因而不能发挥企业知识应有的价值。新创的知识最初处于零散状态，往往以隐性的形式存在，如顿悟、经验、诀窍等，这些知识必须通过与原来的知识相联系，才能纳入一个大的知识体系，应用于生产流程和管理流程，实现企业创新。信息技术对增强显性知识的“综合”十分有效，借助信息技术，通过媒体（文件、会议、电子交流）产生的语音或数字符号，企业成员可以获取相关信息、整合并传播各类知识，将个体的显性知识有效整合为企业整体的显性知识。

由以上分析可以看出，显性知识隐性化的集成、隐性知识之间的集成、隐性知识显性化的集成和显性知识之间的集成共同促进了企业内部新知识的产生、传播、扩散和应用，进而促进了企业内部知识集成能力的形成。

（二）外部知识集成能力

由于目前还没有学者对外部知识集成能力进行解构和划分，本书参考相关学者对外部知识管理的划分（表 1-1），将外部知识集成能力划分为知识识别能力、知识获取能力和知识利用能力三种子能力，如图 1- 4 所示。

表 1-1 外部知识管理过程划分

学者/机构	年份	过程/活动划分
Wiig	1993	获取与创造、编辑与转换、分发与应用、价值实现
Nonaka 和 Takeuchi	1994	分享、创造、验证、交叉、构建原型
Leonard-Barton	1995	识别、外部获取、吸收、整合
Szulanski	1996	产生、获取、保留、运用
Marquardt	1996	识别、收集、创造、组织、分享、应用、适应
Davenport and Prusak	1997	定义需求、捕获、分发、使用
Holsapple 等	1997	获取、选择、内化、使用、创造、外化
Steier（PWC）	1997	发现、过滤、标准化、转移、反馈
Ruggles	1997	产生（获取、融合）、编码（捕获、表示）、转移
Ernst 和 Young	1999	获取、表示、编码、应用
Andersen	2000	获取、创造、综合、分享、使用
Liebowitz	2001	识别与验证、获取、组织、检索与应用、综合、学习、创造、分发与销售
陈国权	2003	知识来源、获取、传递
王众托	2004	识别、收集、保存、传播与共享、转化与生产、吸收与使用
芮明杰等	2004	获取、融合、创造、扩散、共享
陈劲等	2005	获取、传播、吸收、利用

资料来源：陈衍泰（2007）

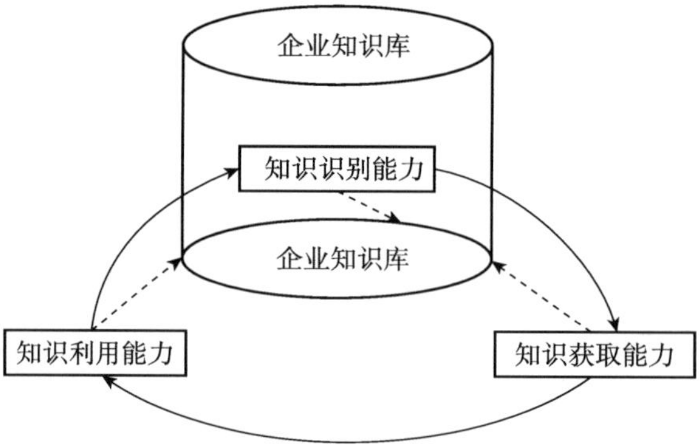

图 1-4 企业外部知识集成能力的构成

知识识别能力是企业对外部知识的监测能力，即跟踪、搜索和评价、选择外部先进技术和知识的能力。由于当今科技的飞速发展和知识的爆炸式增长，仅仅依靠个别部门和员工来进行知识搜索和评价是不够的，组织的知识识别能力需要全体员工的参与和努力。企业可鼓励员工通过一些渠道（如阅读专业期刊、参加研讨会和网络）搜寻与工作相关的技术资讯。

知识获取能力是企业从客户、供应商和战略联盟等外部知识源获得企业发展所需知识的能力。Smith（1995）认为，知识获取的媒介有下列五种：依附在知识商品上，通过交易获取；通过与其他公司的关系（大多是使用者与生产者）获取；通过产学关系获取；通过公共机构与公司的互动获取；通过掌握专业知识的人来获取。Leonard-Barton（1995）将技术知识流通来源分为咨询者、顾客、国家实验室、供应商、大学、其他竞争公司与其他非竞争公司等七种；而获取外界技术的机制则有观察、授权、研发合约、技术股、共同研发、特许、合资、购并（或合并）等八种。Nonaka 和 Takeuchi（1998）提出两种接口管理的客体，即担任知识获取的人和企业的中层主管。知识获取的人一般为工作小组，通常由一群兼具科学、企业、人际关系等专业技能背景的人组成，在企业的技术研发中担当重要角色。

知识利用能力是指对企业中的知识进行广泛的应用、改造和创新的能力。从外部获取的知识能否对企业产生价值，主要取决于企业的知识利用能力。知识的利用有多种方式，主要包括知识的直接应用、知识改造和知识创新三种。知识的直接应用是指企业将获取的知识（如专利授权等）进行商业化，变为可以为企业创造利润的产品。知识改造是指根据企业自身情况对外部知识进行选择性利用，将企业特色融合到产品中，使产品精致化、美观化、差异化，在一定程度上能提高产品竞争力。知识创新是指培养企业中知识员工和研发团队的内核力、推动力和牵引力。其中，内核力指强化他们的学习能力，累积更多的知识，构建创新的基盘；推动力指通过企业内部的良性竞争和危机制造，迫使他们不断地前进；牵引力指通过企业的文化、制度和奖励来引导他们主动进行知识的创新（陈力和宣国良，2005）。

（三）企业知识集成能力体系架构

通过对企业内部知识集成能力和外部知识集成能力的分析，本书建立了企业知识集成能力体系架构，如图 1-5 所示。

在企业知识集成能力体系架构中，内部知识集成能力和外部知识集成能力都作用于企业知识库。这里企业知识库不仅是指以显性知识形式存在的各类知识的集合体，如知识管理系统的数据库、文件库等，也包括存在于企业每个成员头脑中的隐性知识。建立企业的知识库能够将企业所包含的知识分门别类进行收集、储存、去冗、加工、提炼、汇总，使知识变得有序化，并构建知识单元之间的联系，提供相应的检索手段，从而加快知识传播和流动的速度，为企业员工进行内外部知识的共享和使用建立必备的基础结构，形成企业知识资源的集散中心，构成企业系统的知识资产和产品创新的知识源泉。另外，知识库还能促进组织中每个成员的经验、技巧等大量的隐性知识的显性化和编码化，是一种有效的知识表达工具。Rothwell（1992）指出，知识库是组织学习和知识管理的基本工具，知识库的设立使组织知识可以被保存下来，将零散的个人知识变为组织知识，使以后的学习和技术创新活动更易于追踪，学习过程也更易于复制。组织需要通过必要的流程、方法和手段来将各个阶段产生的知识积

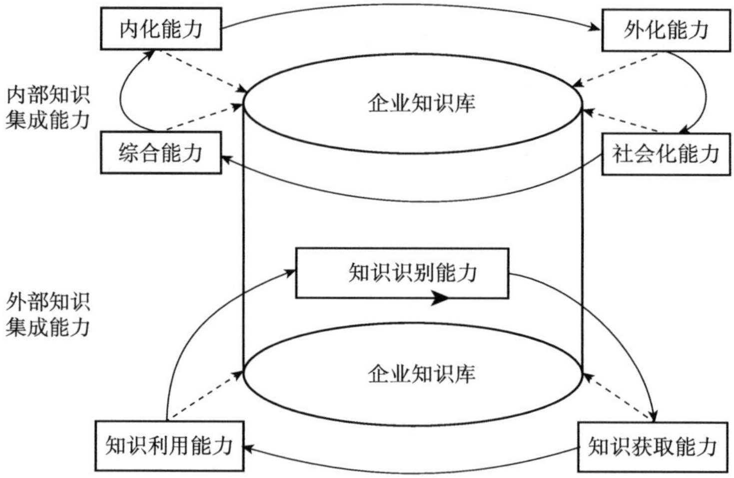

图 1-5　企业知识集成能力体系架构

累和存储到知识库中，才能使学习成为一个不断上升的过程。同时，组织也要利用知识库中的知识作用于学习的每一个阶段。宝洁、摩托罗拉、惠普、联想等公司都建立了很方便的内部网和数据库，这样可以将很多资料、文档和信息放入网络数据库中，供更多人共享。相反，有一些成长很快的公司，它们有很好的经验，但由于整天忙于应付当前的市场和客户，很难有时间和人手将这些好的经验和知识整理并保存下来，这样就很难从以前的经验和教训中进一步学习（陈国权，2002）。赵修卫（2003）指出，知识整合就是在获取新知识的同时，不断对现有知识进行分析和整理，使现有知识和新知识实现系统的结合，尤其要注重用新知识更新陈旧知识及补充现有知识片断中缺失的联系和环节。而现有知识和新知识的整合主要是借助知识库进行，即通过补充新的知识，不断对知识库中的知识进行整理更新和重构。内部知识集成能力和外部知识集成能力都对企业知识库有积累、扩充作用，同时，由于企业的知识吸收能力依赖于已有的知识存量（Cohen and Levinthal，1990），所以知识库内容的不断积累和丰富对企业内部知识集成能力和外部知识集成能力的提升也有巨大的推动作用。

第二章　企业知识集成能力影响因素研究

知识集成能力作为企业竞争优势的来源，已经越来越得到学术界和企业界的认同。但是，要深入理解知识集成能力，并使该理论能够对管理实践具有切实的指导意义，首先需要研究影响企业知识集成能力的因素及其影响机理。本章对自企业知识集成理论提出以来国内外学者对其影响因素的研究进行了总结。

国内外学者直接对知识集成能力影响因素进行研究的较少。在国外研究方面，Grant 和 Baden-Fuller（1995）认为，组织结构影响着知识集成的质量、类型和成败。Grant（1996）指出，组织知识集成的能力由组织的指导和惯例决定，组织能够从知识集成中获得的竞争能力取决于集成的效率、范围和灵活性。Inkpen（1996）、Huang 和 Newell（2003）认为个人与组织间正式或非正式的关系能够促进知识的分享与沟通，从而促进知识的集成。Knights 和 Wilmott（2002）认为，项目团队的知识集成能力取决于共同的知识开发。Teece（2000）认为组织结构影响知识集成的效率，组织要具备动态能力，在组织结构方面必须具有柔性的边界、强有力的激励机制、非官僚的组织决策、尽可能少的组织层次及创新的组织文化。Kogut 和 Zander（1996）认为，组织结构影响知识集成的效果。de Boer 等（1999）分析了四种基本的组织结构（职能结构、科层结构、矩阵结构和创新结构）对企业知识集成的效率、范围和柔性的不同影响，并进行了实证研究，得出企业应选择与其知识组合能力相匹配的组织结构，以形成其所需的知识集成能力的结论。Huang 和 Newell（2003）研究了跨功能项目实现中的知识集成，实证研究发现组织的内在实践、过去的集成经验和社会资本通过影响协作水平而影响知识集成的效率和范围。特别是项目团队内部和外部的社会资本的建立和培养通过创造共同知识而提高项目（认知）意识。Hislop（2003）通过案例分析得出结论：知识的有效集成依赖于深度的社会交流和互动。Lang（2004）分析了社会情境和社会资本对知识集成的作用，指出不同的社会情境和不同类型的社会资本的组合能够促进不同类型的知识集成。Kenney 和 Gudergan（2006）研究发现组织结构和组合能力影响组织间知识集成的效率、范围和柔性。Shibata 和 Kodama（2007）研究发现组织结构和社会资本影响战略联盟中的企业知识集成能力。Hung 等（2008）研究发现项目团队的组织结构和组织文化、知识获取渠道、沟通平台、领域专长、知识扩展能力、实践经验等是企业间协作产品研发中知识集成的关键影响因素。Yin 和 Chen

(2008) 通过案例研究表明IT组织转换能够有效地促成组织中各类人员的知识集成。Liu等 (2009) 研究发现组织学习显著影响企业的知识集成能力。

在国内研究方面，王娟茹和杨瑾 (2005) 认为，关系资本、知识共享水平和吸收能力是知识集成能力的构成要素，通过实证研究得出知识集成能力与关系资本、知识共享水平和吸收能力均呈正比例关系的结论。赵宝天和李成标 (2006) 研究了产品开发中的知识集成，认为知识集成有利于增强和提高企业的产品创新能力和价值创造能力，并提出通过培育知识共享的文化、建立学习型组织和构建知识集成平台来实现知识集成。甘露和曾德明 (2006) 认为，虚拟研发团队的组织无边界性和知识高度密集性，使得虚拟研发活动成为一个复杂的知识转化的动态过程，有效的知识整合是虚拟研发团队运行成功的关键，而高新技术企业虚拟研发团队的知识集成首先需要建立动态的组织结构、建立知识联盟、培养兼容的团队文化和信任的环境，而后再选择合适的知识集成模式。谢洪明和吴隆增 (2006) 基于前人的研究成果和理论分析，构建了一个技术知识特征、知识整合能力和效果之间关系的模型，得出了技术知识的特征与知识整合能力之间的关系。谢洪明等 (2006) 研究了组织内部软件层面的内部社会资本和组织文化对知识整合的影响，通过实证研究证实了内部社会资本和组织文化对知识整合均有显著的直接正向影响，而且内部资本和组织文化之间存在显著的相关关系。谢洪明等 (2007) 研究了企业的学习导向、知识整合、技术创新与管理创新之间相互影响的机制和路径，通过实证研究发现学习导向对知识整合有显著的直接正向影响，学习导向必须通过知识整合才能促进技术创新和管理创新。周晓 (2007) 对企业的社会资本、知识资本和技术创新进行了实证研究，发现社会资本通对组织学习显著地正向影响企业知识整合能力，而知识整合对技术创新则存在显著的正向影响。因此，企业的内部社会资本必须通过知识资本的形成和整合才能对技术创新产生影响。王晓耘等 (2007) 认为，有四个主要因素影响软件企业显性知识集成，即信息技术因素、个人因素、组织因素及文化因素，并把知识集成看成是一个知识集成和知识共享协调的系统过程。他们通过实证分析得出如下结论：①信息技术因素、个人因素、组织因素及文化因素这四个影响企业知识管理的要素之间是相互关联的；②信息技术因素除了直接影响知识集成外，也通过直接路径的方式影响技术创新绩效；③个人因素、组织因素及文化因素除了直接影响知识集成外，也通过直接路径的形式影响知识共享，而且影响的程度都比较大，并间接影响技术创新的绩效；④知识集成和知识共享对技术创新绩效都具有重大的影响，软件企业应该着眼于这两方面的协调发展。谢洪明等 (2008a) 对企业的社会资本、企业文化、知识整合与核心能力之间的关系进行了实证研究，证实了内部社会资本和企业文化对企业的知识整合有显著正向影响。简兆权和占孙福 (2009) 对吸收能力、知识整合与组织知识及技术转移绩效的关系进行了实证研究，结果证实吸收能力对知识整合有显著的正向影响。

从以上研究综述可以看出，当前文献对知识集成能力影响因素的系统研究还不够丰富，已有的少量理论分析和实证研究大部分都是针对某一个或几个因素进行研究的，非常零散，因此有待于全面深入地分析影响知识集成能力的关键因素，并对其影响机理进行研究。本书通过对国内外企业知识集成影响因素相关研究文献的分析和整理，结合对部分企业的调研和深度访谈，总结提炼出企业知识集成能力的影响因素：吸收能力、组织学习、社会资本、组织文化、组织结构、激励机制和 IT 能力。这些因素分别作用于企业的内部知识集成能力和外部知识集成能力。有些因素只影响其中一种能力，而有些因素则同时对两者都有影响。

第一节 企业知识集成能力影响因素分析

一、组织文化

关于组织文化的定义至今仍没有统一的标准，有学者从组织解决问题的方式及组织文化的作用等方面出发对组织文化进行定义。例如，Hofstede（1980）认为，组织文化是一种“企业心理”，即组织的潜意识，它一方面在组织成员们的行为中产生，另一方面又作为“共同的心理程序”引导这些成员的行为。Deal 和 Kennedy（1983）指出，组织文化“运用价值观形成、塑造英雄形象、明确规定习俗和仪式并了解文化网络来培养其员工行为的一致性”。另一些学者从组织成员的价值观角度对组织文化进行定义，例如，Denison 和 Mishra（1995）认为，组织文化是指“组织成员所持有的基本信念、价值观和假设，以及表现出来的实践和行为。组织文化的某些方面，诸如个体行为和群体标准，是显而易见的。而组织文化的有些方面却难以观察，因为它们表示了不可见的假设、价值观和核心的信念”。Sherridon 和 Stem 认为，组织文化包含了企业员工所共有的观念、价值取向及行为等表现形式。这些外在表现形式及传统可能与政治、经济或社会习俗有关，它们可能是围绕客户与员工的关系、社会地位、职业道德、坦率程度、个人与集体的关系及工作方法而定的。Schein（1984）认为，组织文化是指在一定的社会经济条件下通过社会实践所形成的，并成为全体成员遵循的共同意识价值观念、职业道德、行为规范和准则的总和，是由一个特定的组织在学习处理外部和内部综合的问题上所发明、发现或发展起来的，被认为是有效的，因而被交给新成员作为感知、思考和感觉这些问题的正确方式。Schein 将组织文化划分为三层：①人工制品，即外显的文化产品，能够看得见、听得见、摸得着（如制服），但却不易被理解。包括实物布局、办公环境、着装要求、标语、噪声标准和心理气氛等方面。尽管内部文化的这一层次对外部成员来说是最显而易见的，但这些“物质形态”却揭示了企业的一些重要特征，如果不是这种组织文化中的一员，就很难理解它们的真正内涵。②信仰与价值，藏于人工制品之下的便是组织的信仰与价值，它们是组织的战略、目标和哲学。例如，在银行文化中，成功来自严格的财务控制、保守谨慎和对管理等级制度的尊重。相反，广告公司的文化则可能将个人的自我想象视为成功的来源，因此它们不太重视权威和意见的交流。在这两类企业中，那些过去发生的事都能体现出企业的价值观，进而反映出企业文化。③基本隐性假设与价值，组织文化的核心或精华是早已在人们头脑中生根的不被意识到的假设、价值、信仰、规范等，由于它们大部分出于一种无意识的层次，所以很难被观察到。然而，正是由于它们的存在，我们才得以理解每一个具体组织事件为什么会以特定的形式发生。这些基本隐性假设存在于人们的自然属性、人际关系与活动、现实与事实之中。在组织文化的三个层次之中，通常最外层是清晰可见的，是企业文化的显性维度，而第二层和第三层常常是难以被清晰表述的，但组织成员对这些看不见、难以清晰表述的内容都表示认同，并按照这种默认的方式采取各种行动，这是企业文化的隐性维度。

综合以上国内外学者的研究，我们可以看出，虽然他们对于组织文化的定义从角度、覆盖面上都不尽相同，但大多数学者都认为价值观是组织文化必不可少的构成要素，并且强调价值观是组织文化的基础和核心，在企业独特的价值观基础上，经过长期的发展形成了企业的行为规范。因此，本书认为，组织文化是组织成员在长期适应外界环境、整合内部组织过程中形成的一系列相互依存的价值观念和行为方式的总和，是组织经营哲学与行为准则外化的总体体现，它包括成员价值观、信念、行为模式、思维方式、是非标准、习惯、风格等。

一种特色文化的形成需要长期的孕育与积累，一旦成型，其所具有的组织价值观、制度形式和物质表现，都将以一种稳定的形式在相当长的时期内存在并发挥作用。稳定性是文化本身固有的特性之一。但组织文化的稳定性也是相对而言的，从系统科学的角度看，组织文化系统从本质上来说是一个开放性的系统，也存在耗散结构，在组织内外环境不断运动的条件下，必然会引起组织文化的变迁与发展，这体现了组织文化的动态性（张洪潮和王晓雅，2007）。企业内部的组织文化决定了员工对待知识的态度，决定着企业对待、获取和传播新知识的行为，影响着员工个人知识与企业集体知识之间的关系及企业对知识的创新。de Long（1997）认为，公司进行有效的知识管理的核心是形成适宜的组织文化，该组织文化应支持和鼓励与知识相关的活动。O'Dell 和 Grayson

(1998) 指出，组织文化应强调雇员互动来建立他们之间的关系和联系，使他们之间能分享不同的观点，因为组织成员的互动与合作有助于在个体之间传播隐性知识或将隐性知识转变为显性知识，并由此将个体知识转变为组织知识。Yang (2007) 对台湾国际旅游饭店进行了实证研究，发现企业的协作文化与知识共享效果有很强的正相关关系，同时，领导角色也对知识共享产生影响。李纲和田鑫 (2007) 研究了企业文化与隐性知识转移之间的关系，其结果表明，宗族型和活力型企业文化有利于企业内部隐性知识的转移，市场型和层级企业文化不利于企业内部隐性知识的转移。谢洪明等 (2006) 研究了组织内部软件层面的内部社会资本和组织文化对知识集成的影响，并通过实证研究证实了社会资本和组织文化对知识集成均有显著的直接正向影响。由此可见，组织文化与知识共享、隐性知识转移之间存在正相关关系，而知识共享是知识集成的前提和基础，企业通过建立良好的组织文化，可以引导员工树立正确的价值观，培养其主动收集、扩充与挖掘知识的能力，并在企业内形成一种知识共享的环境，充分调动员工学习知识的积极性，从而提高企业的内部知识集成能力。因此，企业应当在组织中重视人性的关怀与情感交流，强调利他及与环境共生的价值观。从强调自我中心与内部竞争的文化，转变为重视他人想法及感受与内部团队合作的文化，在这种文化中，组织成员彼此分享知识才会成为常态（谢洪明等，2007）。

二、组织学习

组织学习的概念起源于 1936 年 Wright 在生产系统中发现的学习效应，即在产品生产过程中，单位成本随着经验的累积而下降。Wright 把这种效应归结为员工在重复某种工作时产生的学习效应，采用学习曲线加以度量。从 20 世纪 60 年代开始，随着发达国家商业生态环境的动态性和复杂性的加强，动态能力理论、资源观理论等一致认为组织学习在动态复杂环境中发挥着重要作用，通过组织学习，企业可以协调组织内外不确定环境之间的关系，保持它们之间的动态相宜性，从而达到降低危机、把握机会的功效，组织学习在国外的研究逐渐升温，系统研究组织学习的学者开始陆续出现。Senge (1990) 发表了《第五项修炼——学习型组织的艺术与实务》一文，从系统科学和一般动力学出发提出学习型组织管理理念。Nonaka 和 Takeuchi (1998) 提出“SECI 组织学习转化模型”，使组织学习理论研究很快进入高潮，组织学习作为克服企业发展障碍、持续推进变革的最佳工具而迅速发展。

对于组织学习的定义和分类而言，Argyris 和 Schön (1978) 认为，组织学习是具有共同思维模式的个体行为的结果，并将组织学习分为单环学习和双环学习。单环学习是一种低水平的学习方式，只发生在发现错误和纠正错误的过程中，组织原有的规范并没有改变，问题的解决是以维持组织原有的规范为前提的。双环学习是一种较高水平的学习方式，是指组织不仅可以检测和改正错误，还进一步对现存的规范、程序和条例进行合理的修正，因此能够扩展组织的能力。Preskill（1994）认为，组织学习是组织成长和改善的一个连续过程，它与工作活动密切联系，运用有关部门过程和结果的信息或反馈来实施变革，激发组织成员间的价值观、态度和观念的统一。Marquardt（1996）认为，真正的组织学习涉及一个对计划、实施和行为进行反思的循环、认知过程，从某种角度讲是活动、环境和文化的产物，是建立在绩效基础上，且与企业目标相关的，应该融入每个人的工作。Senge（1990）从个人、团队和组织的角度详细探讨了如何进行组织学习，并指出自我超越、改善心智模式、建立共同愿景、团队学习和系统思考这五项修炼是建立学习型组织的重要手段和工具。David（1993）总结出五种组织学习的方式，即系统地解决问题、采用新方法进行试验、从自身经验和过去的历史记录中学习、学习他人的经验和最佳实践、迅速有效地在组织上下传递信息等。Slater 和 John（1995）认为，组织学习可分为信息获取、信息传播、信息共享解释三个阶段，最终将共同的解释通过组织记忆的方式进行储存，并且储存的信息在需要的时候又会重新被提取进行再加工的过程。Teece（1990）认为，学习既是一个个体化的过程，又是一个组织化的过程。对于组织化过程的学习来说，它是一个社会或集体现象，它要求共同的交流基础和协调的探索程序。因而，从本质上说，组织学习包括了一系列不同于个人学习的活动。组织学习的最大特点是以共享的知识基础为中心，正是这个包含着意会知识的组织共享的知识基础使组织行为的变化，乃至组织创新成为可能。否则，组织行为的变化和组织创新就会丧失连续性和自我同一性，组织也就难以保持其应有的完整性（张钢，1999）。

专家学者由于自身的专业视角不同，对组织学习本质的认识就有不同的表述。目前，国内外学术界对组织学习概念的理解存在着一定的一致性，也存在着较大的差异性，但却从不同侧面、不同层次，或多或少、或深或浅地触及了组织学习多方面的本质属性。总结起来，学者们的观点集中在以下几个方面（黄健，2003）。

1）组织学习是一种活动。所谓活动一般是指为达到某种目的而采取的行动，它是一种由主体积极主动参与的运动形式。学者们普遍认为，组织学习是两个或两个以上个人的有意识协调的活动，这项活动包括系统地解决问题、失误，从自己的过去与经验中学习，向他人学习及促进组织内部的知识扩散等内容。

2）组织学习是一种过程。过程是指事情进行或事物发展所经过的程序。这种定义方式强调组织学习是一个较为长期的发展历程，它有一系列有效的活动程序，它不是一蹴而就的。过程学派的主要观点有：其一，组织学习是一种在由组织制度形成的社会关系中进行学习的社会过程，它是一个包含学习和组织两个概念的隐喻，是一个能够学习、处理信息，反思经历，拥有大量知识、技能和专长的主体；其二，组织学习是关于有效地处理、解释、反映组织内部的各种信息，进而改进组织行为的过程；其三，在处理信息的过程中，如果一个组织的潜在行为发生了变化，我们就说这个组织是在学习。Huber（1991）更进一步提出，组织学习发生在企业通过信息处理以提高和改善企业的潜在行为和过程中。

3）组织学习是一种系统。很多专家和管理者发现，组织学习往往要受到组织结构、流程、文化和技术等子系统的制约，换言之，要更好地推动组织学习的进行，必须从上述各个方面全面变革组织，从而为组织创造一个有利于学习的内部环境。

4）组织学习是一种能力。能力一般指顺利完成某项活动的主观条件。一些知识创新学的学者认为组织学习是企业对竞争优势的保持和对企业创新能力的促进，把组织学习看做企业促进知识的创新或知识的获得并使之传播于全组织，体现在产品、服务和体系中的能力。

5）组织学习是一种结果。结果是事物发展所达到的最后状态。一些经济学家认为组织学习是一种行为上的改进，这种改进可以产生抽象或具体的积极结果。组织学习使得企业面对变化的经济和商业环境能够改善和发展新的技术、结构和经营实践，它能推动无形资产的创造，而无形资产正是持久竞争优势的基础。这类定义强调，今天的组织不是为了学习而学习，不是为了标新立异而学习，组织学习的最终目的是要求组织的整体行为能够得到明显的改进。

就学习过程而言，企业的知识集成能力是一种“双回路学习”。“单回路学习”建立在刺激-反应机制之上，仅要求通过学习，发现策略与行为上的错误，并予以纠正，使组织运作的效果能够符合组织的既定规范及各项要求，并不对系统运行的规则提出疑问。这种学习往往只是致力于当前问题的解决，而不是检查组织的规范和要求是否恰当，其目标是适应环境，使组织在变动的环境下维持稳定。因此，“单回路学习”一般仅适用于环境变化平稳的企业，在剧烈变化的环境中应用效果有限。而“双回路学习”不但要求发现组织策略与行为的错误，而且还要发现指导策略与行为的思想、规范方面的问题，通过成功地转换组织运作模式来增强组织的学习和创新能力，强化组织的竞争优势，最终显著地提高企业的绩效。伴随着知识经济的到来，企业市场竞争日趋激烈，而企业的竞争形势也更为严峻，因此单纯以发现组织策略和行为错误为目的的“单回路学习”是远远不够的。企业知识集成能力不但源于企业的外部学习过程，同时也源于企业对内外知识差距的分析过程。企业不但要加强自身的学习过程，同时还必须不断检视自身已有的规范、模式，对不能够适应市场变化的部分予以修改、调整，甚至放弃，从而使自身不但在行为上，而且在机制上也形成与市场相适应的系统。

Kogut 和 Zander（1992）认为，知识集成能力来自组织的内部学习与外部学习，这与 Grant（1996）提出的内部知识集成和外部知识集成是相对应的。所谓内部学习，是指重整、建构组织内部现有知识；而外部学习则是指组织从与其他组织合作形成的社会网络（该社会网络建立在共享的信任、规范上）中有效地接受可靠的知识和信息。组织学习是知识集成的前提和基础，它为知识集成提供基本的组分知识。通过组织学习还可加强员工之间的交流，从而促进组织内部知识，特别是隐性知识的转移和共享。组织学习可以不断获取个人知识和其他组分知识，使企业的结构性知识不断更新。赵修卫（2003）认为，组织学习过程本身就包含了知识集成。组织学习强调知识集成，就是要在组织学习目的的引导下，将组织学习及知识从混乱无序的状态转化为有序的状态，进而一体化为企业的整体知识与能力。因此，知识集成是在组织学习中实现的，组织学习的过程就是知识集成的过程。

三、社会资本

社会资本（social capital）理论的建立是 20 世纪 90 年代后半期以来管理学研究领域的最新进展之一，其在战略管理、组织创新、组织间合作等企业层面的研究中得到了广泛的应用，但社会资本概念的界定一直以来都存在争议，至今还没有达成共识，大多数学者都是从自己研究的学科角度对其加以定义和使用。最早使用社会资本这一概念的是经济学家 Loury（1976），他认为，正统的经济学理论关注的焦点是个人人力资本的形成和基于技能上的竞争场所的建立，因而太具个人主义色彩，而且这种利己主义者的描述与现实社会中的人相去甚远。这是因为在现实生活中，个人总是嵌入在一定的社会关系网络中，并非是以独立的方式去实现个体的目标，个人追求的利益也不是完全的以自我为中心。Loury 在对有关种族之间收入不平等的新古典经济学进行批判的时候引入了社会资本这一概念，并在《种族收入差别的动力学理论》中将社会资本定义为“促进或帮助获得市场中有价值的技能或特点的人之间自然产生的社会关系”。

正式提出社会资本这一概念并进行系统分析的是 Bourdieu（1985），他在《社会学研究》上发表的一篇题为“社会资本”的短文中正式提出了社会资本这个概念，并将社会资本定义为“实际或潜在的资源的集合体，这些资源同对大家共同熟悉或认可的制度化关系的持久网络的占有联系在一起”。这一定义认为，社会资本的实质为社会关系，这种社会关系本身允许社会网络中的个人获得其同伴所拥有的资源，而社会资本的高低取决于拥有这些资源的数量和质量。社会网络不是自然赋予的，必须通过投资于群体关系这种制度化的战略来建构，是其他收益的可靠来源。通过社会资本，各行为主体可以直接获得社会网络中他人拥有的经济资源，如补助贷款、投资补贴和受保护的市场；他们也可以通过与相关专家或具有优秀才能的个人之间的频繁接触而增加文化和知识资本；或者通过与各种协会、学术团体之间的交往来获得有价值的证书和知识以提高其智力资本；等等。

美国社会学家Coleman将Bourdieu和Loury等人的研究成果纳入自己的理论框架中，提出了自己的社会资本理论，并在《人力资本创造中的社会资本》一文中首次明确使用社会资本这一概念（Coleman，1988)。他从社会结构功能的角度，将社会资本定义为“人们在一个集体和组织中为了共同的目的而在一起工作的能力，它是在两个方面具有共同特征的实体，这些实体构成了社会结构的许多方面；在这种结构框架中，它们促进了行为主体（无论是个人还是公司）的某些行动”。社会资本包括以下几种形式：一是存在于社会关系内部的信息网络。行为主体借助于已有的社会关系网络来获取信息，从而为采取行动提供便利。二是义务与期望。三是规范和有效的惩罚。规范对行为主体的行动起着非常重要的约束作用，它通过惩罚自私自利和奖励大公无私的行动，要求行为个体放弃自我利益而按公共利益行事，从而使某些行动目标更容易实现，由此构成了极其重要的社会资本。四是多功能的组织和有意创建的社会组织。当人们之间的关系有助于提高行动的效果时就产生了社会资本。社会资本通过人们之间的相互关系而表现出来。物质资本和人力资本有助于生产性的活动，社会资本也是如此。社会资本具有两个性质：一是社会资本存在于人际关系结构中，由结构的各个要素组成，它不依附于独立的个人，更具有公共物品的性质；二是社会资本只为结构内部的个人行动提供便利，它具有不可转让性。人们采取的自愿性的合作并不受到第三方的干预，而且可以自我强化。人们之间的合作能力取决于其价值观和各种规范的共享程度，而共同的价值观是建立在相互信任的基础之上的。个人追求他们各自利益最大化（自利行为）而进行各种互动（合作)，从而导致社会资本的出现。社会资本是在复杂的行动系统中，人们通过各种社会关系形成的各种人际关系网络为个人提供的一种新的资源。它是一种表现为相互关心、相互信赖关系的无形资本或公共物品，这种资本很难通过市场交换来提供，它是影响个人行动能力及生活质量的重要资源，因此人们应该尽力创立这种资本。而为了创造更多的社会资本，人与人之间需要保持期望和义务的长期关系（张方华，2005)。

继Bourdieu、Loury和Coleman之后，很多有关社会资本理论分析方面的文献相继出版。Portes 和 Sensenbrenner（1993）对社会资本进行了较深入的研究，并将社会资本看做“个人通过他们的成员身份在网络中或者在更宽泛的社会结构中获取稀缺资源的能力。获取资源的能力不是个人固有的，而是个人与他人关系中包含着的一种资产，社会资本是嵌入的结果”。Putnam（1993）认为，社会资本是人们之间的一套“横向的联系”，通过各种社会网络会使人们更方便地获取信息并建立各种社会联系，而这些社会联系在将来会给他们带来很多帮助，如获得就业的机会、得到社会支持、获取新资源等，而且信任、网络及与网络相联系的规范对于经济发展有着重要作用。Fountain（1998）指出，社会资本一个最关键的特征就是信任的可传递性。Nahapiet 和 Ghoshal（1998）将社会资本定义为能获得的嵌入在个人或社会群体拥有的关系网络中的真实和潜在资源的总和。张其仔（1999）将社会资本看做人与人之间在信任和合作基础上形成的社会网络，社会网络是一种最重要的人与人之间的关系，也是资源配置的一种重要方式。边燕杰和丘海雄（2000）认为，社会资本是行动主体与社会的联系，以及通过这种联系摄取稀缺资源的能力。由以上研究可以看出，国内外学者都认识到社会关系网络作为一种资源对社会活动的重要性，并且一致认为企业的社会资本代表了企业借助于社会网络或其他社会结构来获得各种利益的能力。

企业的社会资本可分为内部社会资本和外部社会资本（张方华等，2003）。内部社会资本包括企业内部人与人之间的信任度，员工之间的知识共享程度，各部门之间的合作程度，团队学习和企业文化的重要性等。外部社会资本包括企业与客户、供应商、竞争对手、咨询机构等之间的商业网络，企业获得知识来源的信息网络，企业与公共研究机构、技术转移组织、大学等之间建立的研究网络，企业高层经理人员和知识型员工与外部的客户、供应商、竞争对手、大学和科研机构等之间的个人关系网络，等等。已有学者对社会资本与知识的获取、共享、转移的关系进行了研究。Yli-Renko 和 Autio（2002）通过实证研究证明了社会资本对知识获取有显著的正向影响，并发现企业内外部社会资本能很大地促进企业的知识基础和国际化增长。Tsai（2002）等的实证研究表明社会互动与市场竞争的交互作用对知识分享有显著的调和作用。Sherif（2006）通过实证研究证明企业的社会资本能够增强企业创造和转移知识的能力。Presutti 和 Boari（2008）分析了全球性高科技公司与其最大的国外客户之间的纵向关系，并通过实证研究发现社会资本中的结构维度与知识获取之间存在正向关系，而关系维度和认知维度与知识获取之间是反向关系。Huang 和 Newell（2003）研究了跨功能项目实现中的知识集成，实证研究发现组织的内在实践、过去的集成经验和社会资本通过影响协作水平而影响知识集成的效率和范围。特别是项目团队内部和外部的社会资本的建立和培养通过创造共同知识来提高项目

(认知) 意识。张方华等 (2003) 认为，企业良好的社会资本可以培养人与人之间、部门与部门之间、企业与企业之间的相互信任，降低企业之间和企业与其他经营主体之间的交易成本，尤其是搜寻和信息成本、讨价还价和决策成本、监控和执行成本，并加速信息和知识等资源的流动，尤其是隐性知识的转移(因为企业隐性知识的生产和有效转移建立在非正式网络的基础之上，而非正式网络的建立有赖于企业良好的社会资本)，从而提高企业的创新能力。谢洪明等 (2006)、周晓 (2007) 等的实证研究证实了内部社会资本对组织能量的蕴蓄有正向的影响。孙红萍和王静一 (2009) 等的实证研究结果显示，社会资本的关系资源 (信任、规范) 和个体行为理念 (自我价值感知、期望报酬) 对知识共享意向有显著的促进作用。朱亚明 (2005) 以技术型中小企业为研究对象进行了实证研究，发现企业的社会资本结构维度的四个方面 (网络联系、网络架构、网络调用和网络稳定性) 对企业的知识获取、知识转移和知识利用都有显著的正向影响。黄培伦和吴江秋 (2007) 认为，企业内部和外部的社会资本可以提高知识创造、转移和扩散的效率。王娟茹和杨瑾 (2005) 对知识型企业进行了实证研究，得出企业知识集成能力与企业社会资本中的关系资本成正比例关系的结论。综合以上研究，企业社会资本能够通过在组织内外部培养相互信任的关系而促进内外部知识的获取、共享、转移和利用，从而影响企业的内部知识集成能力和外部知识集成能力。

四、吸收能力

Abramovitz (1986) 提出的“社会能力说”被称为是技术吸收能力的理论雏形。他在分析国际间生产率水平的分化和收敛时指出，国家间生产率水平存在强烈潜在收敛趋势的假定前提条件为：后进国家均具有足够的社会能力去吸引先进技术。而制度和人力资源是一国社会能力的重要组成部分，如人力资本的受教育年限，以及政治、商业、工业和金融体制等。一个国家要吸收先进的科技成果，必须首先拥有足够的基础设施、技术水平等基本条件。Cohen 和 Levinthal (1990) 在其《吸收能力：学习与创新的新视角》一文中首次提出了吸收能力的概念。他们认为，吸收能力是企业识别新的外部知识的价值、消化并将之最终应用于商业化目的的能力，并指出外部知识源对技术创新过程具有关键作用，组织的吸收能力和相应的创新绩效具有路径依赖特征，企业的研发对技术进步的贡献主要表现在两个方面：一是研发成果直接推进企业的技术进步；二是增强了企业的吸收能力。这一经典定义表明，企业吸收能力不仅表现在引进外部技术，更重要的是使用技术，这点与企业以资源为基础的发展观和以知识为基础的发展观是一致的。此后，企业吸收能力理论被应用于产品创新、战略联盟、知识管理等许多管理研究领域，学者们对吸收能力的概念又进行了发展。Mowery和Oxley（1995）、Keller（1996）认为，吸收能力是企业处理从外部引进的知识中的隐性成分，以及对这些知识加以调整，使之适用于本企业应用所需的一系列技能。Tripsas和Gavetti（2000）认为，吸收能力是公司对外部知识辨识与取得的能力。Kim（1998，1997）、Matusik和Heeley（2001）认为，吸收能力是学习能力和解决问题能力，学习能力是指消化知识的能力，目的在于模仿；解决问题能力是指创造新知识的能力，目的在于创新。Zahra和George（2002）对吸收能力进行了较为系统的分析和总结，认为吸收能力是企业获取外部知识并对获取到的知识加以消化、转化和应用的能力，具体表现为组织的一系列惯例和规范。内部知识的有效共享与整合是吸收能力的重要部分，吸收能力包含实现的吸收能力（realized absorptive capacity）和潜在的吸收能力（potential absorptive capacity）。潜在的知识吸收能力是企业利用外部知识的前提，实现的吸收能力是企业利用外部知识不断创新并保持竞争优势的关键。潜在的吸收能力比较倾向依赖于企业自身资源及外部知识源的特性，而要由潜在的知识吸收能力转化为实际的知识吸收能力并对企业的创新活动真正发挥作用，则需要企业内部在交流、合作上的努力。

对于吸收能力的构成维度，理论界还没有统一的定义。Cohen和Levinthal（1990）提出的吸收能力包含识别、消化吸收和利用三个过程，被理论界广泛引用。但他们所描述的“消化知识”的复杂性，使现有文献对吸收能力的理解存在很大的不同。吸收能力是一个多维结构，涉及评价、同化和运用知识的能力，或者是知识和人们各种主动行为的结合。各种定义虽然都集中于一定的范围，但在企业知识运动的主要方式上存在差异，并且各自所强调的维度也有所不同。Zahra和George（2002）重新识别消化知识的过程，从而把吸收能力分解为知识获取、知识消化、知识转化和知识利用四种能力。吴晓波等（2005）依据技术跨越的不同模式，提出了技术领先者与追赶者的吸收能力在探索性与利用性上存在较大的差异，并具有不同知识吸收能力的构成的观点，同时将吸收能力细分为技术引进吸收能力、内部技术学习吸收能力、合作技术学习吸收能力和并购技术吸收能力。唐方成和席酉民（2006）提出，在研究网络组织成员中知识吸收能力还需要引入组织成员间的知识释放能力，主要是指网络组织的节点成员通过一定的方式（如影响力、沟通或表达等）对其具有的新知识进行解释、编码与传达的能力。Lane和Koka（2006）在广泛的文献统计的基础上提出吸收能力概念的三个维度，即探索性学习、转化学习、利用性学习。Todorava和Durisin（2007）认为，外部知识识别是获取知识的前提，并将吸收能力过程划分为知识识别、获取、吸收、转化及利用五个维度，且吸收与转化过程并不是严格的顺序过程而是彼此部分可替代的。Vanhaverbeke等（2007）在开放式创新研究中探讨了吸收能力过程与价值创造和价值获取的关系，认为吸收能力分为三个维度：第一个维度与认知性知识（know-what）相关，即组织识别和评估外部知识的能力；第二个维度与应用知识的技术诀窍（know-how）相关，即吸收外部新知识的能力；第三个维度是原理性知识（know-why）及组织将外部知识商业化实现组织目标能力。

吸收能力对知识集成能力的重要影响贯穿于识别、存储、沟通和创造新知识的整个过程。Szulanski（1996）认为，较强的企业知识吸收能力意味着组织具有较强的信息价值识别能力，从而更有利于企业从外部获取信息。Grant（1996）指出，吸收能力根植于公司知识的存量，在知识集成过程中，公司所拥有的相关知识存量越多，就越能将知识以共通的语言（common language）形式表达出来，从而促成知识的集成应用，所以吸收能力对其外部知识集成能力有正向的影响。吸收能力也基于组织对外沟通的界面及内部的沟通机制，通畅的沟通界面使公司有更多吸收知识的机会，并且当新知识被加入组织中时，原本存在于不同成员身上的知识联结或关联必须重新修正，因此吸收能力也与组织内部的沟通系统有关（Cohen and Levinthal，1990）。Teece 等（1997）认为，较强的企业吸收能力有助于克服隐性知识带来的转移困难。Zahra 和 Hayton（2008）认为，企业的吸收能力可以促进知识的流动，促进企业进行产品升级和开发新产品，并获得较好的财务绩效。Fosfuri 和 Tribo（2008）则认为，企业的吸收能力在基于知识的竞争时代是一种关键的动态能力。de Boer 等（1999）指出，知识集成能力包括采用形式化工具的系统化能力和采取互动的协调合作能力，以及透过共同价值信念的社会化能力，这三种能力都与公司的沟通机制密切相关，因此从沟通机制的观点来看，吸收能力对外部知识集成能力有正向的影响。Tyler（2001）、方世杰等（2001）和简俊成（2003）的实证研究也证明了吸收能力影响知识集成和技术转移的成效。

五、组织结构

早期关于组织结构的研究主要是关于正式结构——组织成员间的正式关系。在 20 世纪 50 年代以前，有两个学派占主导地位，一个是直接控制学派，另一个是标准化学派。直接控制学派主要关心正式权威，即组织中直接控制的作用，其系统地提出了专业分工、权力和责任匹配、命令和指挥统一等组织结构设计原则，同时还提出了直线职能制的组织结构，这种组织结构至今仍被广泛采用。标准化学派倡导工作的标准化，认为组织中的活动都必须是由规则、工作描述和训练所构成，所以组织就像机器一样，是一个“官僚结构”。学者们认为，官僚制组织成为主导组织结构类型的原因是它有较高的技术效率，但同时也注意到这种结构形式的功能失调问题。

20世纪30年代以后，管理思想和理论有了蓬勃的发展，组织理论方面出现了许多新的学派，如社会系统学派、行为科学学派、管理过程学派、经验主义学派、系统管理学派、权变理论学派、新组织结构学派等（吴培良等，1998）。社会系统学派从人与人相互合作的角度解释组织，认为“组织是两人以上意识的协调和活动的合作系统”，突破了古典管理学派把组织单纯看成是一个权责结构的框架，把组织结构特性与人类行为特性结合起来。行为科学学派针对组织结构中的冲突提出了一些解决措施，提出组织结构设计要考虑人的因素，强调上下级人员之间的沟通，因而主张采用扁平化结构。管理过程学派总结了西方当代组织理论中有关组织原则的主要成果，归纳了组织工作的基本原则。经验主义学派根据企业的实际经验，将古典管理学派和人际关系学派的研究成果结合起来，归纳了五种基本的组织结构：集权的职能性结构、分权的“联邦式”结构、模拟性分权结构、矩阵结构和系统结构。系统管理学派的主要观点认为，组织是一个人造的开放系统，是由各个子系统有机联系而成的。权变理论学派认为没有一成不变的、普遍适用的管理原则和方法，组织结构必须根据企业所处的内外部环境而权宜应变。新组织结构学派提出了组织结构的五种协调机制（相互调整、直接监督、工作过程标准化、成果标准化、技能标准化）、五个基本构成部分（工作核心层、战略高层、直线中层、技术专家结构、辅助人员）、五种流程系统（正式的权力系统、规章制度流程系统、非正式沟通的流程系统、工作群体流程系统、特殊决策流程系统）和组织结构的五种类型（简单结构、机械性行政结构、职业性行政结构、分部式结构、特别小组）（吴培良等，1998）。

西方企业的组织结构最初为简单的家族式企业，20世纪初，为适应大规模生产而演变为以福特汽车公司为代表的机械化大生产式的科层制结构，随着社会的发展和时代的变迁，传统的组织结构已经不能适应当今时代的经营环境；到80年代后，开始盛行事业部组织结构以满足企业多元化的倾向；90年代后，为适应精简生产组织结构又发展为后现代组织模式。后现代组织模式是一种全新的组织理论，对帮助企业更好地适应变化的环境、提高企业的管理效率有重大意义。具有代表性的后现代组织模式主要有动态学习型组织、虚拟组织、无边界组织、类市场组织。动态学习型组织强调的是组织对外部环境变化的应变能力，结构上具有扁平化的特征，能使组织的上下沟通更快捷，从而更快速地对环境变化做出反应。学习型组织能培育具备专业知识，并通过不断学习以保持其技能的知识型员工（郭志文，1999）。虚拟组织借助信息技术手段和契约合作关系，以契约智力和技术智力的方式来组织生产，是一种典型的高智力、知识型、技术密集型、具有最优竞争优势的组织（黄野，1999）。无边界组织突破了传统组织中存在的四种常见的边界——垂直界限（各层次及各头衔人员间）、水平界限（各职能间与规章制度间）、外部界限（公司与其供应商、顾客及监控者间）、地理界限（不同地点、文化与市场间），从而使企业不必用这些界限把人员、任务、工艺及地点分开，而是将精力集中于如何影响这些界限并能将某些想法、信息、人才、奖励及行动落实到最需要的地方（赫塞尔本等，1998）。类市场组织是在组织内部采取市场化的形式。一个极端的例子就是将一个企业分割成若干个小的单位，它们之间只有临时的、契约化的关系。假如某单位需要某个产品或服务，组织内就有几个单位能够提供此产品或服务，每个单位基于其技能、交易记录、产品或服务获得的难易、竞争动态提出自己的竞价，供购买单位选择（吴京芳，2001）。综观国内外企业组织结构已经或即将发生的变化，其变革趋势可概括为：扁平化、弹性化、虚拟化、网络化。

在知识经济时代，知识已成为企业最重要的竞争性资源，因此企业本质上是一个共享、利用和创造知识的系统（Drucker，2002）。组织运作模式的变革是实现知识集成的根本保障，企业文化、管理机制是促进知识集成的重要工具，而组织结构为知识集成的实现提供了必需的内部条件（Wiklund and Shepherd，2003）。组织的构型不同会使知识资产在组织内的分布与积累不同（赵兰香等，2008）。例如，在中央集权式的组织中，知识资产会向最高管理者聚集；而在管理相对松散、知识共享程度高的组织中，知识资产则会广泛地分布于组织成员之中。另外，组织结构的不同也会使员工对知识的需求不同，从而影响知识资产的占有情况。例如，在机械化程度较高的企业中，生产线上的员工只需要懂得操作步骤，不需要对机械的原理有深入的了解。而在以专家为主的组织中，员工会尽力学习其职能范围内的知识。

de Boer 等（1999）分析了四种基本的组织结构（职能结构、科层结构、矩阵结构和创新结构）对企业知识集成的效率、范围和柔性的不同影响，并进行了实证研究，得出企业应选择与其知识组合能力相匹配的组织结构，以形成其所需的知识集成能力的结论。Teece（2000）认为，组织要具备动态能力，在组织结构方面必须具有柔性的边界、强有力的激励机制、非官僚的组织决策、尽可能少的组织层次及创新的组织文化。而这种动态能力就是企业维护和发展的核心能力，有效利用内部和外部知识资产，实现各种资产有效互补，保证各种知识有效整合的能力（王娟茹和赵嵩正，2004）。Lin（2008a）就组织结构和知识共享的关系对台湾的五家高科技企业进行了实证研究，发现组织的正式化程度越低越有利于知识共享，复杂性程度越高越不利于知识共享。由此可见，有利于知识集成的组织结构与学习型组织有相似之处。学习型组织的典型特征是组织结构的扁平化、柔性化和开放化（Leonard-Barton，1995）。这种组织结构能够克服组织中知识交流和转移的障碍，改善组织成员心智模式和形成共同的愿景，从而促进企业持续的组织学习。学习型组织的这些结构特征对知识集成也是必要的，因此为了有效地进行知识集成，企业应向学习型组织发展。同时，知识集成更加需要企业具有动态的组织结构和模糊的组织边界。

六、激励机制

激励是指引起个体产生明确的目标指向行为的内在动力。心理学家认为，人的一切行动都是由某种动机引起的，未被满足的需要是产生激励的起点，进而引起某种行为。组织激励理论认为，激励就是设计满足激励对象各种需要的条件，激发其工作动机，使其产生实现组织目标的特定行为的过程。激励在人力资源管理中起着非常重要的作用。美国哈佛大学詹姆斯教授的一项研究表明，组织内的员工在受到充分的激励时，可发挥其能力的80％～90％，而在低水平的激励状态时，员工只发挥其能力的20％～30％。这说明组织激励水平的高低直接关系到员工的积极性、士气和生产效率的高低，由此可见激励管理的重要性。

企业的知识集成是一个动态的过程，渗透于知识获取、分享、吸收、重构的各个环节。企业员工是知识集成的主体，知识集成能力的形成和提升需要全体员工的共同参与和努力，因此设计一套好的激励机制使员工乐于为组织的知识集成做出贡献是非常有必要的。本书认为，激励机制对于知识集成的影响主要体现在知识分享和知识转化两个环节中。

在知识集成过程中，尽管有些知识能以文档、数据的方式显性地描述出来，但对于企业来说，价值最大的专业知识大部分是隐性的，其广泛地分布于组织成员的头脑之中。知识本身的外部性导致知识可以低成本共享，并且共享程度越高，越能展现知识扩散的网络效应。但是，知识分享对于知识拥有者来说往往难以自发完成，需要一定的组织激励才能得以实现。究其原因：首先，个体所掌握的知识，特别是带有诀窍性的隐性知识，往往是经过长期的工作积累与摸索形成的，将这部分知识与他人分享，势必会损害这些知识的权威性，从而间接降低了知识分享者自身在未来雇佣关系中的谈判力。因此，知识主体出于对知识所有权、专家权威、优势地位等考虑，往往不情愿将自己的知识与其他主体的知识进行共享和集成，其认为通过知识集成会丧失竞争优势。其次，知识分享并不是一项简单的任务，特别是如果分享的知识比较抽象和复杂时更需要知识拥有者耐心地进行解释、教导、示范，有时甚至还要花大量时间去查阅资料和准备教案，这对于组织中需要承担相对独立任务的知识拥有者而言，不可避免地会增加额外的工作量和负担。因此，如果没有适当的激励，知识拥有者有可能因得不到适当的回报而不愿意牺牲自己的时间与资源以支持知识的集成。再次，知识分享风险的存在。知识总是处于不断消亡与更新状态，个体认识、吸收与创造知识也是一个不断扬弃的过程。在此过程的不同时点上，个体或许并不知道自己所拥有的知识是不完全、不准确甚至完全错误的，这就可能向知识需求者传递了无用甚至有害的知识。受到伤害的知识接受者可能会向他人散布不利于知识拥有者的信息。因此，知识拥有者可能会面临因传递了错误知识而遭受知识声誉受损的风险。最后，知识创新具有高成本性、高风险性及收益和分配的不确定性，随着知识更新周期的加快，知识创新过程的长期性和知识使用寿命短期性构成另一对矛盾。因而，知识拥有者为了回避风险、回收投资，自然就会对拥有的知识有意“垄断”，而这与知识只有通过大范围的共享才能充分发挥其效益形成冲突，知识工作者对知识的垄断性和知识本身要求的共享性构成一对矛盾（左美云，2002）。为了解决上述矛盾，就必须设计一套好的知识管理激励系统使员工乐于创新知识、共享知识和应用知识。

除了知识分享之外，激励机制对员工的知识获取和转化也发挥着重要作用。Allen（1977）指出，组织在选择性获取外部知识的基础上，将其转化为组织知识，这尤其需要重视“守门人”（gatekeeper）的作用。守门人是组织中能主动通过一些渠道获取对企业发展有用的知识的人。通过守门人将一次输入变为两次输入，可大大提高组织的学习效率。因此，守门人对从外部知识源获取知识和解释知识，从而使得知识可以被组织利用这个过程发挥着关键作用。组织中的守门人越多，越能充分发挥集体智慧，多方位、全面地接受外界信息，并从中发现可能对企业产生重大影响的信息和技术。Bierly 和 Chakrabarti（1996）认为，外部知识主要通过守门人将组织之外知识带进组织之内，并且将新的知识和组织现有的知识基础进行整合。因此，守门人必须拥有和外部组织很强的联结，这就需要组织有相应的激励机制鼓励员工在做好本职工作的同时密切关注外部的技术革新，通过一些渠道（如阅读专业期刊和参加研讨会）或通过相关网站搜寻工作相关的技术资讯，从而获取对企业发展有用的知识。

Kwan 和 Cheung（2006）认为，企业员工知识分享行为的激励包括两种类型，即外在激励和内在激励，分别对应于两类研究视角，即经济视角和社会心理视角。经济视角强调分享行为的“外在激励”，又称为“物质激励”或“经济激励”，即在“自利”和“完全理性”的假设下，认为个人对分享成本与收益的权衡，是个人进行知识分享决策的关键。如果员工需要通过货币补偿的方式（如奖金、津贴、预算经费、职位职权等）间接地得到满足，那么他们所受到的激励就是外在的（Deci and Ryan，2000；Osterloh and Frey，2000）。内在激励被认为是源自内在心理需要的满足，包括对能力、自主性和关联性的内在需要，是源自个人或分享活动本身（如个人的成就感），分享行为的挑战性、自主性等对行为、绩效和身心健康产生的积极影响。经济视角受到来自社会心理学者的批评，Bouty（2000）认为，经济视角掩盖了知识分享行为的社会属性，知识分享行为，特别是私人间的非正式分享行为，具有显著的社会交换特征和利他主义特征。因此，知识分享行为的激励主要来自“内在激励”。不同学者的实证研究证明了这一观点。例如，Bock等（2005）、Bock和Kim（2002）的研究表明，货币奖励对于员工知识分享态度的影响并不显著，而自我效能感、奉献感及互惠预期等社会心理因素对于员工分享态度和主观规范具有显著影响。因此，企业内的知识分享管理应该着重关注社会心理因素对于员工分享行为的内在激励作用。来自社会心理学和经济学的研究表明，在某些具有利他主义特征的行为中或当内在激励是行为发生的首要条件时，“外在激励”可能会影响“内在激励”，即有形奖励（如货币）可能会降低个人从事该行为的内在激励水平（谢荷锋和马庆国，2008）。

传统的激励方式主要是按照员工的工作业绩付酬，表现为物质的和短期的激励方式。而由于知识型员工具有工作创造性、自立性强、自有主见、蔑视权威、追求自我实现等特点，这种激励方式不利于知识的共享和员工隐性知识的挖掘。因此，需要设计新的激励机制以满足企业知识集成的需要。例如，改变工作任务激励为目标激励，健全薪酬制度和福利、晋升制度，注重发展精神激励机制，等等。

七、IT能力

20世纪后期，以电子信息技术为代表的新一轮产业技术革命，使IT产业成为世界各国国民经济的支柱产业。电子信息技术所具有的高渗透性、高带动性、高倍增性和高创新性使其成为改造和带动传统产业发展的重要工具，利用先进的电子信息技术整合企业生产、经营、设计、制造、管理的企业信息化建设在整个国民经济中的地位显得日益重要。因此，从20世纪70年代开始，世界各国不管是在宏观层面还是微观层面上对IT的投资规模越来越大，期望IT投资能够使企业提高效率、加速流程、节省成本、提升利润、改变和完善企业的经营模式，并进一步形成企业持续竞争优势。然而，对IT的投资似乎并不总是能转化为企业经营绩效的提高或带来以超额收益体现的竞争优势，因此IT投资能否为企业带来竞争优势已经成为最近20年IT研究领域学者们争论的问题之一。根据企业能力理论，只有具有价值性、稀缺性、难以模仿和难以替代的资源或能力才有可能为企业带来持续竞争优势。IT作为技术本身并不具有异质性，企业并不需要有何种特质就能获取和应用IT。很多学者的研究表明，尽管IT投资确实增加了企业的生产率和顾客价值，但是同时也降低了市场进入的阻力，消除了垄断带来的市场无效，加强了市场竞争力度，因此难以从企业对IT的投资中获得持久的收益。但是，IT 具有极强的渗透能力，它能够渗透到企业经营管理过程的方方面面，因此如果企业对 IT 进行有效的应用和管理，并将企业的 IT 设施与其他组织资源及能力结合在一起，则可以提高组织对环境的适应能力和应变能力、改进组织的输入和输出方式、缩减中间管理结构、促进产品创新和服务创新、塑造新型企业文化、改良传统的业务技术、实现组织功能集成和一体化、增进组织功能组合的灵活性、改变员工的工作方式和性质、促进雇员观念的转变和知识结构的调整等，所有这些最终都将成为企业超额收益和持续竞争优势的源泉，由此产生了 IT 能力的概念。

尽管国内外学者对 IT 能力已经进行了大量的研究，也从不同的角度证明了 IT 能力与竞争优势的关系，但是却始终缺乏一个能够被普遍接受的 IT 能力的定义。IT 能力最早由 Ross 等（1996）提出，他们指出，IT 本身的先进性并不能为一个企业带来成功，而企业的成功源自其 IT 能力，即一种运用 IT 去捕捉稍纵即逝的商业机会、控制与 IT 相关的成本及通过实施 IT 来影响组织目标方面的能力。IT 能力综合体现为以下三种资源的有效整合：①人力资源，即组织拥有一支训练有素的 IT 团队，能迅速应对各种来自组织外部的挑战；②技术资源，即组织拥有成本合理，配置适当的信息技术装备，以满足组织各类主要信息的需求；③关系资源，即组织与客户之间形成良性互动关系，IT 的运用使得组织与客户之间的沟通、协调及谈判变得更为便捷高效（任迎伟，2004）。Bharadwaj（2000）认为，IT 能力是企业将 IT 资源与企业其他资源进行协调和配置的能力，包括以实物性的 IT 设施组成的有形资产、以技术性和管理性的 IT 技能组成的与个人有关的 IT 资源，以及 IT 激活的无形资产如知识资产、顾客导向和协同等。张嵩和黄立平（2003）认为，IT 能力是一种调用和部署 IT 资源，从而获得长期竞争优势的社会复杂惯例，包括创造性能力、动态 IT 能力和静态 IT 能力。本书认同 Bharadwaj 提出的 IT 能力的定义，将 IT 能力划分为 IT 基础设施、个人 IT 资源和 IT 激活的无形资产。具体来说，IT 基础设施包括计算机、通信网络、共享技术平台和数据库等 IT 固定资产。IT 基础设施是企业主要的资源和得到长期竞争优势的关键性资源（Keen，1991）。IT 基础设施能够加快企业的关键应用的速度，分享产品、服务等所有信息，实现供应链管理，为企业协作获取更多的机会。个人 IT 资源主要包括在新技术使用过程中的 IT 程序、系统分析和设计等技术技能，以及 IT 管理技能，如有效管理信息系统功能的能力、项目管理和领导技能。企业如果拥有比较强的个人 IT 资源，就能够实现 IT 和商业计划过程的更有效集成，开发更可靠的、成本更低的软件来超过竞争对手，更高效地实现企业各部门之间的联系，预期企业的未来经营需求，比竞争对手更快地创新更有价值的产品性能。IT 激活的无形资产主要包括客户导向、知识资产和协同。客户导向包括客户关系管理，它是企业的核心 IT 能力，因为客户的信息直接决定了企业的战略发展。企业通过 IT 跟踪和预测客户的需求变化，进而关注市场。知识资产是由企业长期生产经营过程中员工的技能和经验汇集而成的，是对企业非常有用的无形资产，对企业的经营有很重要的影响。协同指跨企业跨部门分享资源和能力的过程，这使得企业更加灵活，响应市场需求更迅速。

IT 能力对内部知识集成能力的作用主要体现在通过信息技术的应用提供一个知识集成的平台，增强个人或团队对知识的理解能力，促进个人之间的协同，推动组织内部知识的内在化和外在化（谭滔，2007）。首先，知识管理系统等软件的存在能够有效地帮助个人发现已有知识与新知识的各种潜在联系，从而将这些知识更加容易地吸收到自己的知识体系中，成为个人的隐性知识；另外能够通过提供一系列的辅助技术来帮助个人更直观、更准确地表达和描述自己头脑中形成的新的隐性知识，使其更加容易地将这些知识转化为显性知识，为这些知识的外在化提供便利。其次，IT 能力有助于增强个人或团队对知识的理解能力。为了让组织和个人真正吸收新知识，这些知识仅仅通过转移和共享是不够的，还必须被充分地理解，这种理解是了解它们为什么工作，其本质内容是什么，IT 能力使企业能够通过多种方式应用信息系统来达到上述目的。例如，通过仿真或专家系统，或者通过建立各种决策支持系统，可以帮助简化和减少实验工作，消除一些认识上的障碍，提高个人或团队的知识理解能力；会议系统出现之后，匿名的参与者可以在虚拟空间开放地讨论组织中最具争议性的问题，有助于平等地参与和客观地解决问题，帮助个人或团队更加客观地理解新知识。最后，IT 能力能够促进个人之间的协同，加速将个人知识转化为组织知识。信息技术的应用（如群支持软件、项目管理软件、录像会议等）可以提供一个整合个人所产生的新知识的平台，帮助解决各组织成员协调和沟通的障碍，更加准确地掌握新知识所处的位置，以及更加容易地发现这些知识之间的潜在关联，使企业以较低的附加成本整合分散在各成员中的知识，降低协调的成本并激发出组织创新的潜力，加速这些新知识之间的相互作用，最终形成组织的新知识。

IT 能力对外部知识集成能力的作用体现为对外部知识的有效获取、整理、存储和再利用，最后通过专家的协作以帮助企业创建新知识。首先，IT 带给企业的最大价值在于其拓宽了知识和学习的视野，能够获取学习以往不可能获得的知识，并加以充分利用（Karlheinz and Kim，2001）。大量的个人电脑和通信网络使企业为取得更有利的竞争地位而获取和保存更多的新知识（Halal and Smith，1998）。企业还可以通过基于知识管理的信息系统收集同行业竞争对手的基本信息，分析得出企业自己独特的经营战略（Lee and Suh，2003）。这些在企业内外获取并整理汇集而成的知识不仅包括企业自身管理知识，还包括供应商和客户等信息，它们为企业的战略决策提供了非常有利的支撑作用（Carneiro，2001）。其次，IT 的应用提高了知识在企业内部与企业间的传递和扩散效率。IT 被广泛应用于知识的输入、处理、存储、内部流动和输出环节，帮助收集和整理企业内外的海量数据和信息，并有助于它们转化为存于员工头脑中的知识。这些个体拥有的知识在 IT 高效传播的帮助下，在企业内部充分共享。通过员工之间的相互学习和交流，最终形成企业的有效知识。企业中常用的管理系统，如客户关系管理（CRM）、供应链管理（SCM）、企业资源计划（ERP）、决策支持系统（DSS）等也都是在 IT 基础上搭建的对相应知识的有效管理。这些技术的使用大大减少了企业的成本，使知识转换的进程大幅度加快（O'Dell and Grayson，1998）。Ernst 和 Kim（2002）也指出，IT 的应用极大地提高了知识的可移动性，弥补了地理位置所造成的资源和能力分散；同时为企业间的交流提供了更多的联结关系，极大降低了时间和空间对市场和生产所造成的摩擦，促进了企业间和企业内部的知识转移。

总之，IT 能力通过有效地应用各种信息技术资源，极大地提高了企业对知识进行整合的能力，确保了企业内部知识整合活动的持续有效开展，从而不断创造出新的知识。

第二节　知识集成能力影响因素之间的关系研究

一、内部知识集成能力影响因素间关系研究

从上文分析可以得出，影响企业内部知识集成能力的因素有组织文化、组织结构、激励机制、IT 能力、内部社会资本和组织学习。通过对相关研究文献的分析和整理，在这些因素之间，重点考察组织文化、IT 能力、内部社会资本与组织学习间的关系。

组织学习与个体学习的不同之处在于组织学习是一个社会和集体现象，需要共同的交流语言和协调的探索程序（Teece，1990），需要组织内部全体部门和全体人员共同参与，要求员工的认可和部门之间的交流作为基础，而这些都与组织文化相关。Marquardt（1996）指出，组织学习的方式和质量在很大程度上是由组织文化决定的。Huber（1991）认为，建立起强势学习文化的组织在知识的创造、获取和转移及根据新知识改变组织的行为方面能做得更好。Pool（2000）指出，为了顺利地获取、提高和转移知识，组织必须具备一种支持学习的文化来对员工进行激励。Dodgson（1993）认为，组织学习受到组织文化的限制，组织学习是特定文化范围内企业围绕自己的核心商业活动建设、补充、调整知识结构和商业运作程序的过程。Fiol 和 Marjorie（1985）认为，组织的文化

(信仰、意识形态、价值和规范) 能够决定学习的质量和数量。由此可见，组织文化对组织学习有很大的影响。

Kanter 等 (1992) 指出，组织文化的一个重要构成是组织愿景。组织愿景向员工传达出组织未来的清晰目标和方向，组织愿景可以使公司和员工的日常活动带有目的性，推动组织的改变使其达到预定的目标。组织愿景的渗透可以对员工的组织认同和工作投入产生积极影响。组织愿景也包含组织的价值观体系。组织价值观体系决定了组织想要获得的知识类型，以及组织容忍和鼓励的相关知识活动。显性的愿景，如价值声明，能鼓励公司内部的知识增长。信任和开放心智是常被引用的两种能够促进知识管理活动的显性价值观 (von Krogh，1998)，而组织学习的两个重要维度是分享愿景和开放心智。因此组织在建设组织文化的过程中不但要对愿景和组织价值进行设定，还要在整个组织中有效地进行分享和传播，从而影响和促进组织学习。

组织文化对组织学习的作用体现在三个方面：指导、激励和共享。组织文化指导员工按照企业所期望的方式进行学习，指导企业按照企业所期望的方向发展，创新型的组织文化还鼓励员工对企业现有的程序和惯例等提出怀疑和改进；组织文化通过激发员工的学习动机、树立奋斗目标，使员工以饱满的热情、高昂的情绪投入工作，正面且支持性的学习文化鼓励知识的创造和应用，从而强化个人和组织的发展；组织文化提倡企业内部共享资源，并提倡借助外部资源进行学习，从而在组织内部形成一种知识共享的环境，营造组织学习的氛围，促进组织内部知识的转化和创新。Baker 和 Sinkula (2002) 认为，学习应当包括一整套组织价值观，这些价值观对组织创造和使用知识的倾向产生影响。学习导向的三个核心要素（学习的承诺、开放的心态及共享的愿景）都会对企业的学习活动产生重要的影响。对学习的承诺直接影响了组织是否可能推进有利于学习的组织文化。人们头脑中形成的心智模型反映了人们对世界的看法。这种心智模型限制了人们思考和行动的范围。过去企业的成功与失败支撑了心智模型的形成，随着时间流逝，这些模型也许已经不再反映市场的真实情况，但它仍然会起作用，直到组织采用开放的心态来质疑这些旧的心智模型。从这个意义上说，开放的心态与忘却有关，忘却是组织变革的核心，而开放的心态则使必要的忘却能够发生。由于愿景影响学习的方向，而承诺和心态影响学习的强度，所以共享的愿景与学习的承诺和开放的心态都有所不同。大多数研究组织学习的学者都认为，共享的愿景是主动学习的一个重要基础，如果没有共享的愿景，那么组织成员将不知道组织的期望是什么，以及用什么来评测结果。

内部社会资本对组织学习也有很大影响。企业内部社会资本的至关重要的组成部分是信任和共同愿景（谢洪明等，2006)。信任是社会的纽带和关系稳定的基石。在企业内部，信任和共同愿景促进团队成员间的人际互动与合作，能够促进知识的共享和传播。对于组织间的合作，信任和共同愿景促进伙伴间正确、及时、有效地沟通，进而排除合作关系中的不确定性，增进合作的密切性，使企业能更有效地吸收外部知识。Carayannis（1998）指出，学习作为一种组织活动被认为是个人努力和群体交流的集成。因此，组织学习是一种嵌入个体关系中的过程。人们之间只有形成一种有活力的、专注的、灵活的关系，组织学习才有可能发生。Bogenrieder（2002）认为，社会关系是组织学习的前提，因为社会关系可以培育和促进组织学习。Dutton 和 Heaphy（2003）认为，个体之间高质量的联系可以提高自身的学习能力，因为高质量的联系能促进有用知识的交流、传播和吸收。因此，组织应当鼓励员工之间正式和非正式的互动，从而使不在一起工作的员工也可以共享一些观点。在个人之间传递隐性知识，或者将隐性知识转化为显性知识，从而将个人知识上升为组织知识时，这种类型的互动和协同尤为重要（Nonaka and Takeuchi，1998）。另外，员工应该有能力对自身的知识进行组织并通过网络促进新问题或已存在的问题的解决，并产生或共享知识。

组织文化同时也影响着企业的社会资本。Nahapiet 和 Ghoshal（1998）指出，社会资本包括三个维度：结构维度、认知维度和关系维度。认知维度为有意义的交流提供了共享的情境，这种共享是通过使用共同语言和词汇两种机制，以及通过共享的描述、传奇、故事和比喻来实现的。认知维度是指有助于合作与集体行为的规范、价值、态度及信念，强调从文化与观念的角度认识社会资本。而价值观和公司愿景是组织文化的重要组成部分，通过愿景能促使雇员产生信任、包容和贡献等意识（O'Dell and Grayson，1998）。因此，社会资本的认知维度可被视为组织文化的组成部分之一。谢洪明等（2006）的实证研究也表明组织文化对内部社会资本有显著的正向影响。在组织文化的价值陈述中应充分强调信任与合作的重要性，以便利用组织文化来提高企业的内部社会资本。

对于 IT 能力与组织学习之间的关系而言，也有学者进行了相关研究。Huber（1991）认为，组织学习由紧密相连的四个部分构成，即知识（信息）获得、信息分配、信息阐释、组织记忆。Slater 和 Narver（1994）指出，组织学习是指组织对那些影响（或潜在影响）行为的知识或洞察力的培育和开发。这一组织程序包含以下三个步骤，即信息获取、信息传递、信息共享。Robey 等（2000）则将组织学习定义为“一组织流程，（通过该流程）能使组织取得、运用以及修正组织性记忆，并对组织行为提供指导”。而信息技术有很多潜在的要素，如共享的数据库、通信网络、决策支持系统等，能促进信息扩散和组织记忆（Day，1994）。Stein 和 Zwass（1995）指出，数据仓库、专家系统、最优数据库和局域网/广域网等技术可能包含组织记忆的有价值的部件，而组件和宽带网促进了记忆的接入和使用，因此信息技术通过为组织记忆提供储存、接入和修订的基础平台，在学习型组织中扮演重要的角色。

从组织流程的角度来看，IT 能力对组织内部学习的作用主要有：①支持公司工作惯例的发展过程。通过 IT 的应用，利用新资源使工作实践更加容易，尤其是利用信息资源和 IT 本身来形成高效的组织惯例（Tyre and Orlikowski，1993）。②分享工作经验，以及使得团队内部和团队之间的沟通变得容易。一个良好的沟通基础容易产生更有效率的工作实践。即使是简单的电子邮件系统的直接应用，都可能使得工作经验很容易被分享，在地理上相距很远的团队的工作也能很有效率。③支持和促进知识的共享和扩散，帮助公司分享全球信息和知识。

Chou（2003）发现在适合的组织文化影响下，信息技术对组织学习有着积极的影响。Peppard 和 Ward（2004）指出，信息技术对组织的作用在于从已有成功或失败的经历中学习，因此应关注信息技术的使用方式，而不是使用哪种先进的技术。Real 等（2006）考察了 IT 和组织学习如何影响组织绩效和技术差异竞争力，以及后者对促进公司成果的影响。发现 IT 措施促进了学习过程，影响了技术差异竞争力的发展，进而获得了良好的经营绩效（张样，2007）。

二、外部知识集成能力影响因素间关系研究

从上文分析可以得出，影响企业外部知识集成能力的因素有 IT 能力、社会资本、吸收能力和组织学习。以下通过对相关研究文献的分析和整理，对四个因素之间的关系进行分析和探讨。

Cohen 和 Levinthal（1990）指出，吸收能力来自不断学习的累积效应。Zahra 和 George（2002）认为，吸收能力是一种动态能力，嵌入在特定的组织流程中，其主要的影响因素是过去的相关知识、有效的组织惯例和交流流程。刘常勇和谢洪明（2003）认为，企业的吸收能力主要受先验知识的存量与内涵、研发投入的程度、学习强度与学习方法、组织学习的机制等四项因素的影响。吴伯翔等（2007）通过实证研究证实了本土企业的知识基础、与外部机构的联系、努力程度和企业内部员工间的互动频繁程度是影响本土企业吸收能力的因素。由此可见，学者们普遍认为企业内部的交流互动和学习过程，以及企业与外部机构的联系程度都对企业的吸收能力产生影响。而企业内部交流互动和外部联系与社会资本密切相关，因此社会资本和组织学习是吸收能力的重要影响因素。

社会资本对吸收能力的影响可以从结构维度、认知维度和关系维度三个方面进行分析。结构维度是指企业与外部知识源，如顾客、供应商、战略联盟等的网络联系。Zahra 和 George（2002）认为，外部知识可以通过许可证或契约购买，以及通过各种组织间关系获取。外部知识来源一方面可以充实组织的知

识基础，另一方面可以为组织提供补充性知识，以便在外部知识与企业已有知识缺乏很强的互补性时，使用一些补充性知识来连接这两部分知识。对于组织来说，外部存在着很多知识来源，包括研究机构、大学、咨询公司、战略联盟、合资公司，甚至政府机关。这些知识来源或者直接提供一些组织所需知识，或者提供一些补充性知识，以帮助组织理解从其他组织那里学来的知识（吴伯翔等，2007）。信任是企业社会资本的认知维度的构成要素，如果组织间信任水平较高的话，一方面可以促进知识溢出组织积极地向知识吸收组织提供知识，并帮助后者理解这些知识；另一方面还可以保证知识吸收组织相信知识溢出组织会向其提供重要的知识，并因而会努力学习这些知识。另外，较高的信任水平可以减少双方的信息误解，提高合作效率。因此，信任不但影响了知识交换的程度，还影响了其效率，降低了知识转移的风险。关系维度是指如何建立增强企业间和企业内部知识共享及转移能力的管理机制，协调不同单元分享它们的知识对组织能力的增强至关重要（Kogut and Zander，1996）。主要可表现为：合作双方在联盟中建立知识交流协调机制；合作双方之间的交流方式多样化（如相互参观、开会、书信、电话交流等）；合作双方的高层经常沟通；合作双方的员工经常沟通；企业对每个参与合作的员工都设定了学习目标、任务和责任，并将学习效果的重要性置于短期利益之上；企业尽力搭建学习平台和营造学习氛围，以促进合作内部知识共享和伙伴之间的互动学习与交流融合（如建立合作论坛或学习社区等）。

组织学习对吸收能力的影响可以从内部学习与外部学习两个方面来考虑。所谓内部学习指的是组织内部的知识扩散与知识创新活动，而外部学习则指的是技术模仿、转移与引进。企业虽然是由个人所组成的，但企业的吸收能力不等于员工个人的吸收能力。企业的吸收能力除了包括自外部吸收新知识外，还包括新知识在组织内的扩散、利用与再创新，因此它是一种外部学习与内部学习的整合（刘常勇和谢洪明，2003）。由此可见，要提高企业的知识吸收能力，在外部知识学习的同时，组织要重视内部知识学习，包括对内部知识的共享和创造，这要求企业有良好的知识共享渠道和知识创造机制。建立一支稳定的具有多功能、知识面广的高水平人员队伍是重中之重。若只有外部学习而无内部学习，企业只是从外部获取了知识却不能最大限度地利用知识；而若只强调内部学习，不能对外部知识保持开放的态度，企业必将陷入封闭的状态，落后于时代发展。只有将内外两个知识源结合起来，内外部学习协同发展，组织才能更好地吸收来自各方面的知识，并把这些知识与组织内部知识进行整合，构筑组织所特有的知识，从根本上为企业带来竞争优势。

IT 能力对组织的外部学习也有很大的促进作用。首先，IT 能够拓宽学习的范围，使得组织获取更广泛的外部知识。其次，各种 IT 手段的应用能帮助员工更好地理解知识，还能促进员工之间的交流和沟通，提高知识在企业内部和企业间的传递和扩散效率。当前，IT 已经被广泛地应用于知识的输入、处理、存储、内部流动和输出，帮助收集和整理企业内外的海量数据和信息，并转化为存于员工头脑中的知识。个体拥有的知识在 IT 高效传播的帮助下，得以在企业内部充分共享，通过员工之间的相互学习和交流，最终形成能被企业利用的有效知识。企业通过客户关系管理系统、供应链管理系统等还能与供应商、客户、战略联盟和竞争对手建立紧密联系并获取知识，大大增强企业的外部学习能力。

三、内部与外部知识集成能力的关系研究

本书认为，企业内部知识集成能力是企业获取组织内部各类专业人员的知识并实现知识的转化和传播、形成新的可利用的知识体系的能力；外部知识集成能力是企业对外部知识的识别、获取和利用的能力。外部知识集成能力与内部知识集成能力是密不可分的。

企业外部知识集成能力是建立在对外部知识的跟踪、搜索和获取的基础之上的。内部知识集成能提升组织的吸收能力，有助于组织快速吸收外部知识，所以内部知识集成是外部知识集成的基础。另外，外部知识是有别于企业内部知识的异质性知识，这些不同类型知识要与企业已有的知识进行集成才能够发挥作用。从外部获取知识的活动是由各个部门（或个人）分别完成的，因此需要在企业内进行传播和共享。组织内不同部门间的有效沟通与交流能够促进组织获取的外部知识进入每一个相关部门，从而通过组织内部的知识共享增大外部知识在组织内部作用的发挥。单元间的社会互动能够模糊组织单元间的界限，刺激共同利益的形成，反过来支持新的交换和合作关系的构建，将部门（或个人）知识上升为组织知识，从而提高外部知识的利用效率及其与组织内部知识的结合程度（Tsai and Ghoshal，1998）。而组织内部知识的传播和转移，即由个人知识上升到组织知识的过程实际上是内部知识集成的过程。组织内部各部门的沟通和交流促进了外部知识在组织内部的扩散和传播，并通过促进部门间的合作提高了外部知识的利用效率及其与组织内部知识的结合程度。由此可见，内部知识集成能力越强，越有利于将外部知识更好地在组织中进行传播和转移，使企业对外部知识的利用能力增强，进而使外部知识集成能力增强。组织在获取和集成新的外部知识之前，应该先着重提升内部知识集成能力，通过内部知识集成提升组织成员的整体吸收能力进而提高外部知识集成能力。

第三节 企业知识集成能力影响因素概念模型及假设

结合上文中对影响企业知识集成能力各因素的分析，综合知识集成能力模

型的讨论，提出内部知识集成能力影响因素模型、外部知识集成能力影响因素模型和企业知识集成能力影响因素概念模型，如图 2-1、图 2-2 和图 2-3 所示。

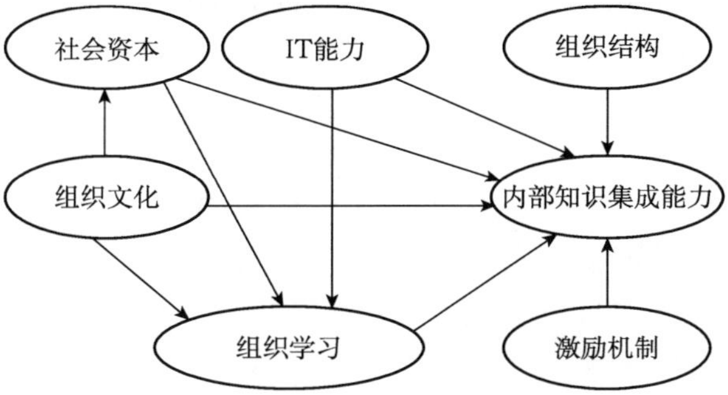

图 2-1 内部知识集成能力影响因素模型

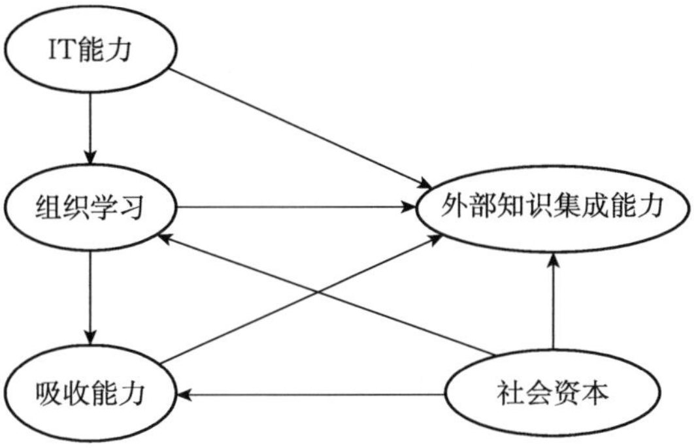

图 2-2 外部知识集成能力影响因素模型

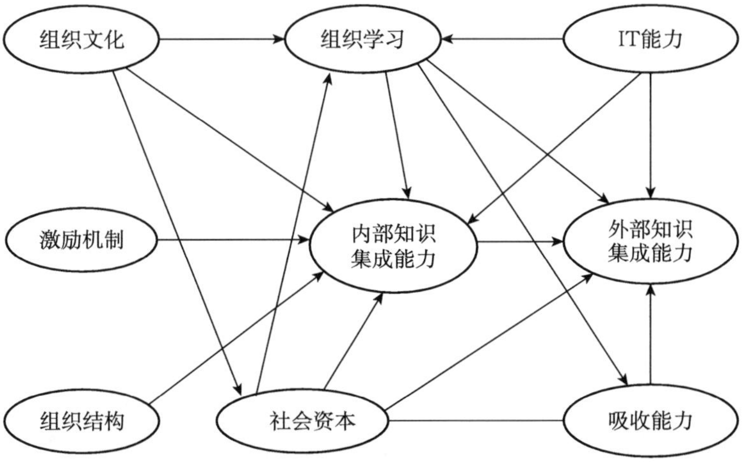

图 2-3 企业知识集成能力影响因素概念模型

根据上述模型，提出如下假设。

H1：组织文化对内部知识集成能力有正向影响。

H2：组织学习对内部知识集成能力有正向影响。

H3：IT 能力对内部知识集成能力有正向影响。

H4：激励机制对内部知识集成能力有正向影响。

H5：组织结构对内部知识集成能力有正向影响。

H6：社会资本对内部知识集成能力有正向影响。

H7：组织学习对外部知识集成能力有正向影响。

H8：IT 能力对外部知识集成能力有正向影响。

H9：吸收能力对外部知识集成能力有正向影响。

H10：社会资本对外部知识集成能力有正向影响。

H11：组织文化对组织学习有正向影响。

H12：IT 能力对组织学习有正向影响。

H13：社会资本对组织学习有正向影响。

H14：组织文化对社会资本有正向影响。

H15：组织学习对吸收能力有正向影响。

H16：社会资本对吸收能力有正向影响。

H17：内部知识集成能力对外部知识集成能力有正向影响。

第三章　企业知识集成能力对创新能力的影响机理

科技进步与创新成为经济持续增长的最可靠的源泉，这已被现实的经济发展所证实。当代全球性的高新技术企业兴起于20世纪70年代后期，已经成为推进世界各国经济进步与创新的重要力量。我国的高新技术企业作为知识经济的主导产业，对于提高社会生产力、增强综合国力和改善人民生活，都发挥着极为重要的作用。随着全球经济一体化和知识更新速度的日益加快，科技成果商品化、产业化的周期越来越短，企业面临着高度不确定的激烈竞争环境。同时，高新技术企业作为一种新生力量，在企业规模、经济实力、人才储备、环境适应性等诸多方面都存在不利因素。因此，发挥高新技术企业的特点，在企业内部形成良好的创新机制，在企业外部营造有利于创新的环境，从而提高企业的创新能力，增强竞争实力，是其生存和发展的唯一出路和必然选择。

随着对企业创新认识的深化和知识理论的兴起，企业创新理论与知识理论呈现融合的趋势。基于知识的企业观认为，在知识经济时代，企业竞争优势的来源逐渐从外部环境转向内部资源与能力，并进而转向企业的知识资源。组织越来越依赖知识的累积与发展以提升自己的竞争力（Grant，1996）。知识逐渐被视为企业最重要的资源（ Kogut and Zander，1992），知识的获取、储存、转移、集成、分享与应用成为企业建立竞争优势的必备能力（Zack，1999）。而在所有的知识管理活动中，知识集成被认为是企业建立竞争优势的最为关键的因素（Grant，1996）。Kessler等（2000）认为，企业的成功除了要求创造和学习知识外，还取决于它是否能有效地集成与应用其所学的知识，由此可以说，知识集成能力是企业发展的关键，必须给予特别的重视。而企业创新的本质是企业知识产生与应用，实现其价值的整个过程。这个过程就是个人知识（隐性或显性）、社会知识（隐性或显性）与企业存量知识相互作用，并发生转化，从而产生新的企业知识（隐性或显性）。一方面，企业新知识成为企业的增量只是进入下一个循环；另一方面，新知识嵌入企业生产、经营、管理过程，从而使得企业的技术、管理和制度创新物化到产品和服务中去，实现其潜在价值（李牧原，2004）。

知识是创新的基础，但是企业创新所需要的知识并不完全来源于企业内部的原始性创新，集成企业内外部知识资源已成为业界关注的做法。因为如果不把获得的知识集成有机的知识体系，这些知识就难以发挥其应有的作用，更谈不上创新能力了。因而，知识集成成为创新的核心机制，在企业创新能力的形成与提升过程中起着极为关键的作用。

当前，随着市场经济的迅速发展，我国的高新技术企业呈现出前所未有的良好发展势头，而知识管理作为与知识经济相适应的新型管理理念与模式，已经成为理论界和产业界提升新型企业竞争力的有力途径。在此背景下，越来越多的高新技术企业开始从知识管理的角度重新审视创新能力。因此，基于知识集成研究高新技术企业的创新能力具有很强的理论和现实意义。

国外学者从知识集成与创新的关系入手，对知识集成在企业创新中的地位、作用、方法和过程进行了研究并取得了一定的成果。Cohen 和 Levinthal（1990）首先提出了吸收能力，指出组织的创新能力与它们吸收和利用外部知识的能力密切相关。Tang（1998）认为，企业产品创新是不同领域的知识大量集成到一个相对稳定的产品模型中的过程。Jassawalla 和 Sashittal（1998）认为，企业创新过程更多地体现为企业内部集成的方式，以便于减少组织行为边界带来的障碍和损失。Sivadas 和 Dwyer（2000）认为，产品研发常常无法达成产品创新的目标，本质的原因是知识集成能力不足。Souder 和 Sherman（2001）的研究结合了企业外部因素，提出了在技术与市场存在不确定性的条件下，企业研发与市场营销活动的知识集成，以及研发活动与用户需求的知识集成对创新都表现出重要的促进作用。Hislop（2003）则从创新流程入手，研究了内部知识集成及在社会交往中产生的实践知识的集成与企业创新的关系，认为流程创新与组织内部知识的集成和重新配置是密切相关的。Badii 和 Sharif（2003）从企业的社会、技术与文化，业务流程与业务再造的角度研究了在企业生命周期中知识集成的优化与创新的关系，建立C-assure框架来进行知识企业创新中综合评价、偏好跟踪及影响分析。Yang（2005）对中国高新技术企业新产品开发进行了研究，发现企业知识集成和知识创新对新产品开发绩效有非常重要的正向影响。Lin（2006）研究了企业集群的产品创新与知识集成之间的关系，发现知识集成与产品创新呈正相关关系，并且集群中企业自愿互补、市场导向和信息共享三者以知识集成为中介影响产品创新。Hung 等（2008）研究了企业产品开发过程中的知识集成和技术创新，得出了影响企业实践和知识集成的关键因素。

国内学者王大洲（2001）认为，企业技术创新的实质就是知识向人工制品或服务的转化及新知识的生成过程。史宪睿和林莉（2005）在分析知识集成内在机理的基础上，探讨了知识集成对企业技术创新能力的影响，进而提出建立知识集成系统是企业实现知识集成，提高技术创新能力的必然选择。高巍等（2007）认为，企业产品创新所需要的知识往往超越了一个企业的能力范围，需要具备获取外部知识和综合内部知识的知识集成能力。因此，集成专门知识、专业技术和其他资源是企业产品创新的本质。谢洪明等（2007）以我国华南地区的196家企业为样本进行实证研究，发现学习导向对知识集成有显著的直接正向影响，学习导向必须通过知识集成才能促进技术创新和管理创新。周晓（2007）对企业的社会资本、知识资本和技术创新进行了实证研究，发现社会资本通过对组织学习显著的正向影响来影响企业知识集成的能力，而知识集成对技术创新则存在显著的正向影响。因此，企业的内部社会资本必须通过知识资本的形成和集成才能对技术创新产生影响。王芳等（2007）在研究分析有关知识集成管理和自主创新理论与实践的基础上，将知识集成创新的思想引入到自主创新理论之中，提出了企业自主创新知识集成管理系统。单伟和张庆普（2008）较系统地分析了企业自主创新中知识集成的科学内涵和本质特征，提出了企业自主创新能力形成与提升过程中不同阶段、多维度、多层面知识集成演化模式，并对其协调机制进行了深入剖析。

综合以上研究成果，学者们一致认为创新本身就是一种知识集成的活动。因此，可以说知识集成能力是企业创新成功的关键。但目前国内外有关企业知识集成与创新能力的研究还存在以下问题，需要进一步地深入研究。

1）虽然学者们普遍认为企业的创新能力很大程度上依赖于企业进行知识集成的能力，但知识集成的构成要素具体是如何影响企业创新能力的，要素之间的关系如何，也就是知识集成影响企业创新能力的内在机理还需要进行具体研究。

2）企业创新一般可分为技术创新、产品创新和管理创新。已有的研究大多探讨的是知识集成与某种创新的关系，没有把知识集成与这三种创新纳入一个整体进行研究。因此，加强知识集成如何跟企业技术创新、产品创新和管理创新实现相互促进的研究，对于完善基于知识集成的企业创新机理研究具有重要意义。

3）国内外有关企业知识集成与创新能力的专题研究还比较少，现有的研究也大都停留在一些定性的描述上，对企业具有易操作性的定量研究和实证分析很少。因此，本研究拟借助结构方程模型全面系统地分析企业知识集成对于创新能力的影响机理，并提出具体的、可操作的创新能力提升途径。

综上所述，本章主要在分析知识集成环境下创新能力的内涵和特征的基础上，从企业创新的本质是知识的创造和应用的角度，对高新技术企业创新能力进行探索性研究；主要研究企业知识集成与创新能力之间的关系，分析基于知识集成的企业创新能力的内在机理，建立概念模型；运用问卷调查的方法，借助结构方程模型进行模型的验证性检验和最终模型的构建；并在此基础上，探讨提升其创新能力的具体途径。

本书对高新技术企业创新能力的研究同目前经济、管理领域的许多问题密切相关。对知识集成的构成要素具体如何影响企业创新能力，以及要素之间的关系进行研究，能够明晰知识集成影响企业创新能力的内在机理；把知识集成与企业的技术创新和管理创新纳入一个整体进行研究，加强知识集成如何跟企业技术创新和管理创新实现相互促进的研究，对补充和完善基于知识集成的企业创新能力研究具有重要意义；借助结构方程模型对西安高新技企业基于知识集成的创新能力进行的实证研究，具有科学性与可操作性，对深入研究企业创新中知识集成的作用和影响机理，形成与提升企业创新能力、缩减创新周期、降低创新成本、提高创新成功率和推动高新技术企业创新实践等都具有重要的实际意义。目前，中国高新技术企业创新中存在诸多问题，急需构建一个有效的创新能力提升框架。研究并构建高新技术企业基于知识集成的创新能力模型，通过实证研究探讨高新技术企业提升创新能力的具体途径，可为高新技术企业在新经济条件下提升创新能力提供新的思路。

第一节 企业创新理论

一、创新的概念演变

创新的概念自 20 世纪初诞生以来不断丰富和发展，多年来始终是学术界和企业界关注的焦点之一，已经成为当代最重要的科技与经济密切结合的综合性理论思想之一。众多学者对创新理论进行了研究，并形成了一些非常有价值的观点。最初的创新研究主要是从经济学的角度开展的，从宏观上将其视为在产业层次上引起生产增加和经济增长的因素。目前，关于经济学和管理学上的创新，绝大多数专家学者都同意和接受熊彼特的创新理论，即认为创新有五种方式：一是引入一种新的产品或采用某种产品的新特性；二是采用一种新的生产工艺或生产方法；三是开辟一个新的市场，其中包括经过市场细分而发现的新市场；四是获得或控制原材料或半成品的一种新的供应来源；五是采用一种新的工业组织。在熊彼特的创新理论中，有两点对后继的研究产生了深刻的影响（毛武兴，2006）。其一是其动态变化的观点，其二是对技术在经济系统发展中作用的关注。继熊彼特之后，许多学者都沿袭着两个传统来发展创新理论。

随着环境的变化和组织理论的兴起，自 20 世纪 60 年代起，对创新的研究开始从宏观层次转向了组织和个人层次，对创新的理解已不仅仅局限于熊彼特的创新观。管理学大师彼得·德鲁克指出，创新的含义应该是：①有系统地抛弃昨天；②有系统地寻求创新机会——在一种技术、一个工序、一个市场的薄弱之处寻求机会，在新知识的萌芽期中寻找机会，在市场的需求和短缺中寻找机会；③自觉自愿地以企业家精神来组织企业的创新活动，以开创一个新的工业为目标，而不是以发明一个新产品或修改一个旧产品为目标；④自愿在现存的管理结构之外独立地建立开创性的冒险事业，自愿更新统计口径，以适应经济学和创新管理，以及为创新者制定合适的补偿政策的需要。van de Ven（1986）提出了一个对创新的广泛的定义，即发展和实施各种新思想，包括技术、产品、工艺和管理创新。Damanpour（1991）认为，创新包括新思想或行为的产生、发展和实施，创新是一个新的产品或服务、一个新的生产工艺技术、一个新的组织结构或管理系统，或者是包括组织成员的一个新的计划或程序。

Solo（1951）对技术创新理论进行了较全面的研究，他首次提出技术创新成立的两个条件，即新思想来源和以后阶段的实现发展。英国经济学家Stoneman（1995）认为，技术创新是首次将科学发明输入生产系统，并通过研发努力形成商业交易的完整过程。Watts和Porter（1997）认为，技术创新是企业对发明或研究成果进行开发，并最后通过市场销售而创造利润的过程。系统科学专家汪应洛（1990）认为，技术创新就是建立新的生产体系，使生产要素和生产条件重新组合，以获得潜在的经济效益。中共中央、国务院《关于加强技术创新，发展高科技，实现产业化的决定》对技术创新做出了高度概括性定义，也是中国最具权威性的定义：技术创新是指企业应用创新的知识和新技术、新工艺，采用新的生产方式和经营管理模式，提高产品质量，开发生产新的产品，提供新的服务，占据市场并实现市场价值。企业是技术创新的主体，技术创新是发展高科技，实现产业化的重要前提。在对技术创新的概念、定义系统分析的基础上，中国著名系统创新管理学家、清华大学教授傅家骥（1998）对技术创新概念作了全面系统的表述：技术创新是企业家抓住市场的潜在赢利机会，以获取商业利益为目标，通过经营管理，重新组织生产条件和要素，建立起效能更强、效率更高、费用更低、效益更好的生产经营系统，从而推出新的产品、新的生产工艺方法，开辟新的市场，获得新的原材料或半成品供给来源或建立企业新的组织体制，采用新的经营管理方法等一系列活动的综合过程。

综合学者们的研究，作为一种具有多元特性的现象，创新具有以下特点：①创新作为一种经济现象，它是部分由市场或市场需求因素决定的，这包括实际的、感觉上的或潜在的经济或非经济需求；②创新部分地是由技术因素和技术本身特性决定的，它们形成了创新的可能性边界；③创新的经济特性与技术特性之间存在相互依赖、相互制约的关系；④创新部分地是由非技术因素决定的，如个人、社会、政治和经济影响，其中一个非常关键的因素是创新的制度安排；⑤创新是一个动态过程，随着时间的进展，它会随着相关影响因素的变化而变化（郭斌和蔡宁，1998）。

二、企业创新能力研究

传统的关于企业创新能力的研究主要是针对技术创新的。许多学者对企业创新和企业创新能力进行了深入的研究，形成了不同的理论观点。这些观点从不同的角度描述了企业创新能力，概括起来有三种类型：过程观点、综合观点和层次观点（李牧原，2004）。

过程观点就是指从企业创新的过程角度来考察企业创新能力。创新能力的组成成分具有时序性。过程观点的代表人物有艾米顿和魏江。艾米顿（1998）在《知识经济的创新战略——智慧的觉醒》一书中，对企业创新能力的概念界定是创造思想的能力、使用好思想的能力及好思想最终成为市场化的产品或服务并能够为企业带来利润的能力。他基于创新过程发明、转化和商业化的三个阶段，认为创新能力是创造、转化和商业化相互依存的集成理论和实践过程的能力，是未来竞争所需要的能力。艾米顿描述的在企业创新过程表现出来的企业创新能力类型，是企业创新能力过程观点中的核心部分，任何其他从过程角度对企业创新能力进行描述的观点，都是以此为基础的。魏江和许庆瑞（1995）从企业技术创新过程的角度对企业创新能力体系进行探讨，认为技术创新的过程可分为六个阶段，即确认机会、形成思想、求解问题、得解、开发、运用并扩散。从这一过程来看，前两个阶段，其实就是根据企业的创新战略作决策的过程，第三、第四、第五阶段是研究的开发过程，第六阶段是生产和市场营销过程。这样就体现在四方面的能力，即创新决策能力、研发能力、生产能力、市场营销能力。另外，在整个技术创新过程中，需要通过组织管理来实现，就需要组织能力。所以从这个角度来看，技术创新能力的结构要素是创新决策能力、研发能力、生产能力、市场营销能力、组织能力五个方面。

综合观点就是指，企业创新能力是一个系统，它由次一级的子能力综合而成。目前，企业创新能力综合观点占主导地位，有较多的学者持这种观点。有学者认为，从技术创新能力的内容看，“一般包括产品创新、工艺创新、设备创新、材料创新、生产组合与管理创新，由于一个行业的材料可以看做另一个行业的产品，生产组织与管理也可以看做一种具有特殊含义的‘绝妙’的工艺”（黄立军，2002）。所以技术创新主要指产品创新、工艺创新。魏江和许庆瑞（1995）认为，从企业创新能力的研究现状与调查情况来看，企业创新能力的概念应包括以下几方面：一是企业创新能力是产品创新能力和工艺创新能力的整体功能；二是企业创新能力是一个系统的能力；三是与企业的创新战略密切联系的，所以企业创新能力应该是企业支持创新战略实现，由产品创新能力和工艺创新能力两者耦合并由此决定的系统整体功能。关士续（1999）认为，创新能力为研发能力、生产准备、市场营销能力、管理能力等综合体现。顾国祥和李元旭（1993）认为，技术创新能力包括企业的创新决策能力、研发能力、技术引进与消化吸收能力、市场开拓与市场竞争能力、资金筹集与调度能力、对外协作与公关能力、人才开发与继续教育能力、整个企业的组织管理能力。Bergeman 和 Feser（2001）认为，创新能力由可利用的资源、对竞争对手的理解、对环境的了解能力、公司的组织结构和文化、开拓性战略等组成。傅家骥提出，技术创新能力构成要素是创新资源投入能力、创新管理能力、创新倾向、研发能力、制造能力和营销能力，以及基于知识管理提升企业创新能力研究产出能力。综合观点对企业创新能力概念的结构认识存在差异，但共同点是把研发能力、组织能力作为创新能力的基本构成要素（罗崇敏，2002）。

层次观点就是指企业创新能力具有层次性，不同层次的企业创新能力其获得的难度及价值不同。陈劲在《永续发展——企业技术创新能力透析》一书中认为，“创新能力是企业技术创新的基础，企业获得骄人创新业绩并创造财富需要强大的创新能力作支撑”，“创新能力的获得不像获得一项技术（购买硬件或软件）那样容易。事实上这是一个困难的、复杂的和长期的过程，需要持之以恒的积累，按发展的层次与难度，分为技术监测能力、技术引进能力、技术吸收能力、技术创新能力和核心能力五种”（宋养琰，2002）。

不管是过程角度的企业创新能力观点，还是综合论企业创新能力观点，或是层次角度的企业创新能力观点，都是对企业技术创新性质的描述。然而对企业创新活动的讨论仅限于技术创新，因此三类观点有着一定的局限性。另外，不同的企业创新能力观点都认为企业创新能力可以由更次一级的能力构成，但是对创新能力的本质没有进行深入挖掘，这是一个传统企业创新能力理论本身不能解决的问题。对这个问题的忽略会导致我们在培养创新能力过程中不得要领，尤其是在知识经济条件下，动荡的基于知识管理提升企业创新能力研究环境使得我们必须重新认识企业创新和企业创新能力，即企业创新和企业创新能力的本质是什么（刘俊成，2003）。

第二节 知识集成环境下企业创新能力的内涵

20 世纪 90 年代，基于知识的企业观逐步兴起，知识逐渐被视为企业最重要的资源，组织越来越依赖知识的累积与发展以提升自己的竞争力。企业创新理论与知识理论也呈现融合的趋势。斯蒂芬·P. 罗宾斯（1984）认为，企业创新是形成创造性思维并将其转化为有用的产品和服务的过程。奥托·卡尔特霍夫等在《光与影——企业创新》一书中认为，企业创新是一种旨在产生和应用新知识的活动，从而明确了企业创新与知识密切相关的本质。

Penrose（1959）指出：“产品或服务是资源使用方式的函数——同样的资源可以有不同的用途或使用方式，或者与其他资源组合可以生产出不同的产品或服务。”陈劲和李飞宇（2001）认为，从知识角度来看，企业的创新能力就是将企业内外部知识激活，进行整合与创造并实现其价值的能力。Vorhies 等（2002）在对已有文献进行总结的基础上，将创新能力定义为一个过程，在这个过程中，企业从内部或外部获取市场知识和技术知识，将这些知识整合起来获得新的创意，并将这些创意与相应的资源组合起来，为市场创造出有价值的产品。实际上，最早提出创新定义的经济学家熊彼特也强调各种经济要素的有效组合（信息、人才、知识、资本与企业家才能等经济要素的有机组合）是经济发展的主要推动力。这种“新组合”的含义是把一种从来没有过的关于生产要素和生产条件的“新组合”引入生产体系，如引进新产品、采用新工艺、开拓新市场、控制原料来源和实现新的组织方式，如图 3-1 所示。

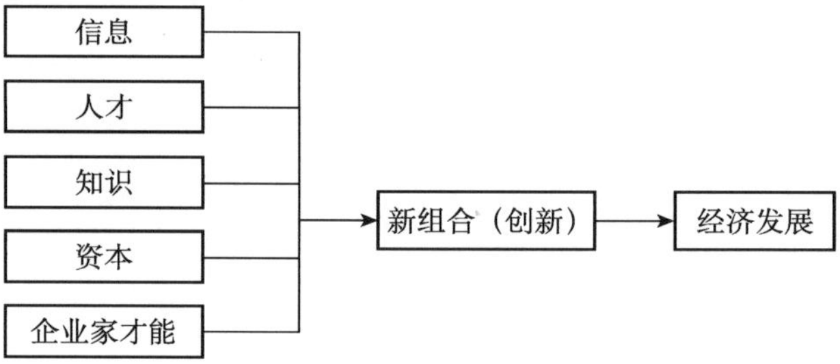

图 3-1　创新的经济学解释

资料来源：张方华（2005）

综合以上学者的研究，可以发现，企业创新能力的本质是企业知识的集成。知识是创新的基础，但是企业创新所需要的知识并不完全来源于企业内部的原始性创新，集成企业内外部知识资源已成业界关注的做法。因为如果不把获得的知识集成有机的知识体系，这些知识就难以发挥应有的作用，更谈不上创新能力了。因而，知识集成成为创新的核心机制，在企业创新能力的形成与提升过程中起着极为关键的作用。

第三节　知识集成能力对创新能力的影响

对于知识集成与创新的关系而言，已有学者对知识集成在企业创新中的地位、作用等方面进行了研究。Teece 等（1997）指出，唯有能整合相关资源，快速地进行创新的企业才能在全球竞争的环境下获得成功，这种整合相关资源的能力就是知识集成能力。知识基础理论的学者认为，知识是企业最重要的资源，而企业存在的原因之一就是要实现市场机制所无法达成的知识集成工作。Grant 和 Baden-Fuller（1995）指出，知识在市场交易的过程充满风险与不确定性，加上知识专属性及知识获取的限制性问题，使得公司会将生产产品与服务所需要的知识资产在公司内部进行集成，通过公司的协调运作来规避知识在市场上传递的风险与不确定性，一方面免除外部交易过程中的投机主义，另一方面可以让各类知识专家彼此就近交流，促进知识的传递与整合。并且，如果产品发展所需知识繁多，公司所能掌握的却有限的情况下，公司间通过策略联盟进行知识应用与知识集成的效率，将比通过市场交易或公司并购的效率还高。Iansiti和 West（1997）指出，在竞争越来越激烈的产业中，企业发展产品所需的技术往往来不及自行建立，进行技术集成是这类产业的必然趋势，并且技术集成越好的企业，研发效率越高，所创造的产品也越好。de Boer 等（1999）认为，企业竞争的优势来自集成的知识，而不是单一的知识，因为集成的知识才能指引企业在快速变动的环境中，做好产品与市场的组合，快速而有效地发展产品以供应不同的市场需求。以上研究表明，知识集成提供产品创新，或是提供生产产品所需工艺的创新，或是提供管理创新的机会。企业创新一般包括技术创新和管理创新，本书在国内外已有研究的基础上构建了基于知识集成的企业创新模型，如图 3-2 所示。对企业来讲，创新所需的知识是存在于个人（员工）头脑之中、企业内部和企业外部的显性和隐性知识。在市场需求的导向下，来自三种不同知识源的显性和隐性知识相互转化，不断积累，通过知识集成形成新的知识并进入企业的知识库，企业将这些新知识应用于生产流程，实现流程创新和产品创新，应用于管理流程，实现管理创新。由此可见，知识集成在企业创新的过程中发挥着关键作用。企业吸收的新知识必须通过整合后融入现有知识结构中才能发挥作用。知识集成就是将个别知识系统化，或是将集合起来的知识内化到组织成员的心智系统中，使不同主体、多种来源和功用的知识相互结合并综合成为组织的知识，即组织共享并能加以有效利用的知识，最终使其成为企业创新能力和竞争优势的基础。

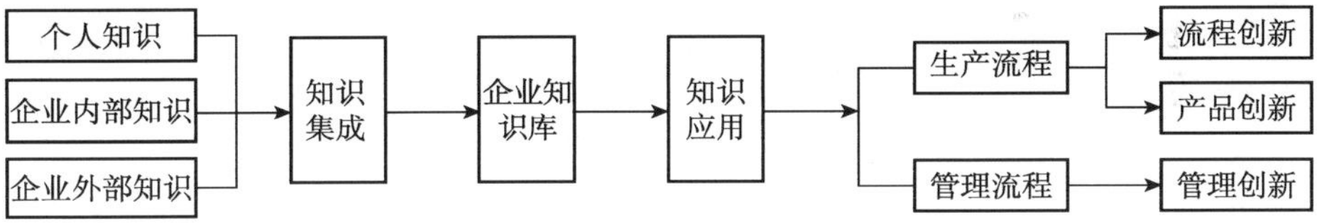

图 3-2 基于知识集成的企业创新模型

第四节 企业创新能力的构成要素

虽然国际上对创新的研究已近半个世纪，但对创新能力的讨论，却是起源于 20 世纪 80 年代对第三世界作为技术引进方如何获得自主技术的研究（陈劲，2001）。Burgelman 和 Christensen（1996）认为，企业创新能力是企业组织实施创新战略的综合性能力，包括资源获得与配置能力、产业与技术发展预测能力、企业组织结构和创新文化基础、战略管理能力。Leonard-

Barton（1995）认为，企业创新能力的核心是掌握专业知识的人、技术系统、管理系统能力及企业的价值观。Miller和Friesen（1982）强调，创新的四个维度：产品或服务创新、生产或提供服务的方法、通过核心运作冒险追求与众不同和采取创新性的解决方法。

国内关于企业创新的研究，从20世纪80年代中期开始主要集中在技术创新能力上，主要代表人物有许庆瑞、傅家骥、魏江等。学者们普遍认为创新能力是科学技术产生、改进、引进、转化和扩散的综合能力，是经济空间中诸多因素共振耦合的结果，是一个地区经济社会持续快速发展的主导力量。陈劲和李飞宇（2001）认为，企业的创新能力就是将企业内外部知识激活，进行整合与创造并实现其价值的能力。魏江（2002）认为，企业创新能力是产品创新能力和工艺创新能力的整体功能，是一种与企业创新战略密切联系的系统能力。侯先荣和吴奕湖（2003）归纳上述观点，认为企业创新能力是企业支持创新战略实现的系统整体功能，由创新资源投入能力、创新管理能力、企业家创新倾向、研发能力、制造能力和营销能力组成，如表3-1所示。

表3-1 不同分析角度下创新能力的构成观点

分析角度	提出者（年份）	创新能力相关观点
企业创新行为主体	Barton（1984）	技术人员与高级技工的技能、技术系统的能力、管理能力、价值观
创新类型	王伟强（1978）	产品创新能力及工艺创新能力之间的耦合状态及其由整体决定的系统整理能力
创新过程	傅家骥和高建（1998）	创新资源能力、创新管理能力、创新倾向、研发能力、制造能力及营销能力
	许庆瑞（1999）	创新决策能力、技术获取能力、生产能力、市场营销能力、组织能力的总合
	关士续（1998）	由技术创新决策能力、研发能力、实施能力、实现能力与组织管理能力构成
	曹崇延和王淮学（1978）	以创新过程、主要内容及影响因素为基础，将创新能力分为七个方面：研发能力、生产能力、组织管理能力、投入能力、营销能力、财务能力、产出能力
	Burgerman（1978）	资源获得与配置能力，产业与技术发展预测能力、企业组织结构和创新文化基础、战略管理能力的综合

资料来源：房春红（2008）

从以上分析可以看出，国内外关于技术创新能力的研究尚未形成成熟的理论，对创新能力的研究仍处于探索时期。但从上述学者对创新维度的不同划分可以看出，创新主要包括或隐含技术创新（包括产品创新和流程创新）和管理创新两个维度，这两个维度能够反映出创新概念的内涵。因此，本书从技术创新能力和管理创新能力两个维度来对企业创新能力进行研究。

一、技术创新能力的内涵

尽管国内外学者对技术创新能力的理解不同，但他们所揭示的内容实质基本相似，他们几乎都把企业的技术创新能力视为一个由若干要素构成的、综合性的能力系统。由于研究的角度不同，对技术创新能力要素的分解方式也不同（温瑞珺，2005）。

Burgelman 和 Christensen（1996）认为，企业技术创新能力是便于组织支持企业技术创新战略的一系列综合特征。它包括可利用资源及分配、对行业发展的理解能力、结构和文化条件、战略管理能力的组合。Leonard-Barton（1992）认为，企业技术创新能力的核心是掌握专业知识的人、技术系统、管理系统的能力及企业的价值观。从技术能力和技术创新能力的关系分析，傅家骥（1992）提出，技术能力由生产能力、吸收能力和创新能力构成。企业提高技术能力最终以提高技术创新能力为依托，企业技术创新能力是企业发展技术能力的核心。Schuman 等（1994）提出了创新矩阵的观点，认为组织中的创新活动可依据创新性质分为产品创新、流程创新和程序创新。Higgins（1995）将技术创新分为产品创新、流程性创新、行销性创新和管理创新。曹崇延和王淮学（1998）提出，技术创新能力实际上是企业整体的系统功能，并且以产品创新能力、生产技术创新能力及管理技术创新能力为主体，协调发展以实现经济利润的能力。王建和王海山（2000）把技术创新能力要素分解为技术创新的投入能力、产出能力，活动过程能力和企业技术创新的内部支持及社会支持能力几个方面。傅家骥（1992）把技术创新能力分解为创新资源投入能力、创新管理能力、创新倾向、研发能力、制造能力、营销能力。魏江等（2000）认为，技术创新能力的结构要素是创新决策能力、研发能力、生产能力、市场营销能力、组织能力。贾蔚文（1999）认为，技术创新能力是企业的一种综合能力，是决策能力、技术获取能力、工程化能力及市场开拓能力的总和。关士续（1999）以对技术创新运行机制的深入分析为基础，认为技术创新能力由技术创新决策能力、研发能力、实施能力、实现能力与组织管理能力构成。1996 年，在国家科委制定的《技术创新工程纲要》中，把技术创新能力界定为创新决策能力、研发能力、工程化能力、生产制造能力、市场营销能力、组织管理能力及资源配置能力等。

出于特定的需要，各要素分解方法都有其合理性，但从企业层面的技术创新活动来看，着眼于创新过程更贴近企业的现实，更有利于全面深入的分析，也更容易被企业所接受和理解。因此，本书认为，技术创新不仅仅是以研发来提高技术水平或生产工艺的过程，而且是一条从新产品、新工艺的设想、设计、研发、生产制造、市场开发、认同与应用到商业化的完整过程。也就是说，技术创新和组织的基本活动直接相关，涵盖产品或流程创新（Damanpour，1991）。虽然有很多的研究将重心放在产品创新上，但越来越多的研究指出，流程创新能力也是企业提升竞争优势的重要来源。产品创新是通过技术学习的提升对于产品品质、功能改变与新产品开发的能力。流程创新是指通过技术学习的提升对于产品流程或工作流程改善的能力。技术创新与其经济意义密不可分，它的主要功能就在于根据经济目标或实践应用要求，开发出新技术或创造出技术应用的新组合，并应用于知识创新或生产实践之中。因此，技术创新能力是指通过引入技术新组合或开发新技术，使企业满足甚至创造市场需求，增强企业竞争优势的能力（徐传期，2006）。

二、管理创新能力的内涵

对管理创新含义的界定，学者们并没有达成共识。国外管理创新理论的代表人物 Stata（2004）首次提出了公司中的管理创新问题，并将管理创新与产品创新、流程创新相区别，指出管理创新是公司发展的瓶颈，也是企业管理中没有受到普遍重视的问题。但是关于什么是管理创新，他并没有做出明确的界定。Benghozi（1990）也把管理创新与市场创新和技术创新区别开来，指出面对当代的潮流，如多元化、市场的不稳定、企业间竞争加剧、技术变革的加速等，企业要解决的问题不只是技术（绩效、可靠性）问题和经济问题（营销策略），而且还暗示了管理的问题，如内部协作流程、发展费用的控制、个人管理等，这样就把管理创新从市场和技术的范畴中剥离出来。国内学者对于管理创新概念作了更进一步的界定，主要的观点如表 3-2 所示。

表 3-2　国内学者对管理创新的不同定义

理论出处	学者观点
常修泽等《现代企业常新论》	管理创新是指一种更有效而尚未被企业采用的新的管理方式或方法的引入，是组织创新在企业经营层次上的辐射
于中宁《现代企业新视野》	管理创新就是不断根据市场和社会的变化，重新整合人才、资本和科技要素，以创造和适应市场，满足市场需求，同时达到自身的效益和社会责任的目标的过程
王建、徐永德、王殿龙《企业创新的理论与实务》	管理创新是指将新的管理要素组合，列入企业管理系统，使之具有新的功能，以达到提高企业整体管理水平的目的，包括管理机制、管理思想、管理方法、管理手段等方面进行一系列创新
杨洁《企业创新论》	管理创新是指根据市场经济条件下企业生产经营的客观规律和现代科学技术的发展态势，对传统的管理模式及相应的管理方式和方法，进行改进、改革和改造，创建新的管理模式、方式和方法
芮明杰《现代企业管理创新》	管理创新是指创造一种新的更有效的资源整合范式，这种范式既可以是新的有效整合资源以达到企业目标和责任的全过程管理，也可以是新的具体资源整合及目标制定等方面的细节管理

资料来源：纪姗姗（2009）

综合学者们的研究，本书采用芮明杰（1997）对管理创新的定义，并借鉴纪姗姗（2009）对管理创新形式的划分，将管理创新分为四个维度，即管理理念创新、管理组织创新、管理制度创新、管理方式创新。

管理理念是管理者指导管理活动的思想、信条和理想的总称。它是一个企业的核心经营价值观，是管理者指导管理活动的航标。任何企业都生存在一定的客观环境之中，而客观环境是不断变化的，不以企业的主观意志为转移。固守旧观念、旧思想会阻碍企业的发展，必须在适当的时机进行战略转换。因此，企业需要不断地学习、不断地汲取知识，根据变化的环境转换思想、转换观念，跟上时代的步伐，主动地适应环境变化以获得快速的发展机遇，这便是管理理念的创新。管理理念创新主要包括以下几个方面：新的经营理念及其推行、新的经营策略、新的资本运营思路、新的生产经营新思路的方式方法、新的企业发展方式等。

管理组织有狭义和广义之分。狭义的管理组织主要是指管理的组织机构或组织结构，广义的管理组织则是指各种要素关系的综合，包括组织结构相关联的组织行为、价值观念、物质技术条件及人际关系等内容。本书所讨论的主要是指广义的组织创新，主要包括以下几个方面：组织结构基本形式的发展、部门机构职责、组织内信息流程及网络的重构、组织结构中的人际关系安排、部门岗位设置与个人才能的发挥、组织的柔性化设计等。现代组织管理理论认为，企业目标能否顺利实现，很大程度上取决于企业组织是否能有效运行，组织功能是否正常发挥。组织结构的形式是决定一个企业的战略是否柔性并且快速地对环境变化做出反应的最重要因素之一。钱德勒的结构跟随战略论断充分证明了这一点。只有当环境、战略模式和组织结构三个要素协调一致并相互适应时，企业战略才能取得成功。因此，在管理创新的过程中，组织结构能否根据外界环境的变化，通过再设计以适应战略转换的需要就成为战略转换成败的关键。

管理制度创新主要指企业内部制度的创新。具体包括以下几个方面：企业用工制度创新、薪酬制度创新、考核制度创新、企业内部工作流程的设定与创新、科学议事规则设定等。所谓管理方式，简而言之，就是指管理方法和管理形式。它是企业资源整合过程中所使用的工具，其方式方法的有效性直接影响企业资源配置的有效性。一种新的管理方式方法，或能提高生产效率，或使人际关系协调，或更好地激励员工，都将有助于战略转换的实施。

管理方式创新主要包括采用一种新的管理手段、实行一种新的管理方式、提出一种新的资源利用措施、采用一种更有效的业务流程等。传统的管理方式主要是以生产和机器为中心，侧重于理性分析与定量计算，其目的是谋求最高的劳动生产率，而现代管理方式主要是以市场和人为中心，侧重于管理过程的精密化和人性化，目的是实现企业对顾客需求的快速响应。计算机技术的迅速发展为现代企业管理提供了大量的新方法。在财务管理方面，由原来的手工操作转变为会计电算化；在生产管理方面，由于电子计算机的应用，许多现代生产管理方法应运而生，如计算机集成制造系统（CIMS）、企业资源计划（ERP）等；在市场营销管理方面，电子商务如雨后春笋般兴起。

第五节　知识集成能力与创新能力关系研究

一、内部知识集成能力对企业创新能力的影响研究

从资源基础的战略观点来看，知识资源整合的目的，不外乎是提升企业竞争力和转化成企业具体的创新绩效，而这种整合相关资源进行创新的能力则来自企业能够掌控的知识。Leonard-Barton（1992）认为，所谓技术知识的创造是指企业整体创造新知识，将技术知识传播至整个组织，并将其融入产品、服务，也就是企业通过自身积累、研发或外包取得技术知识后，再经过工作团队、员工、文件等机制将技术知识扩散至每个成员身上，最后开发出产品和服务。

在影响新产品开发成功的关键因素中，知识集成扮演了非常重要的角色。要持续地支持新产品的开发，必须对组织的知识进行有效的内部集成，以将隐性知识和分散在组织中的知识聚集并加以应用。Iansiti 和 West（1997）认为，在产业的激烈竞争中，只有通过知识集成才能提高组织学习新知识的速度从而满足技术创新的需求。

技术创新是一个综合运用知识和创新行动的整合过程，产品和工艺（作业流程）是企业整体知识综合运作的结果。技术知识整合的系统化能力和通过内部的学习机制，对新产品开发的绩效有正面的影响作用。在竞争越来越激烈的产业中，企业开发产品所需要的技术往往难以自主创新，技术整合是这类产业发展的必然趋势，并且技术整合效果越好的企业，研发的效率就越高，所创造的产品也就越好。如果公司的整合能力越高，采取的知识整合机制比较适当，企业的知识转移绩效就能得以提升。Iansiti 和 Clark（1994）也指出，组织外部的顾客中间商或与组织内部各单位的合作程度与产品概念、工艺（作业流程）创新有关，而且是企业能力更新的关键因素，他们也认为企业改变或增进信息系统的知识能力，不仅可以预测顾客需求，而且也是促进产品创新的重要因素之一。de Boer 等（1999）指出，企业竞争的优势来自知识整合，而不是单一的知识，因为整合的知识才能指引企业在快速变动的环境中，做好产品与市场的组合，快速而有效地开发产品以满足不同的市场需求。这意味着知识集成会提供产品创新，或是提供生产产品所需流程的创新，或是提供管理创新的机会。因此，知识集成对于技术创新和管理创新都有正向的影响作用。

二、外部知识集成能力对企业创新能力的影响研究

对于创新来说，首先，由于技术创新和管理创新需要来自大量不同技术领域的知识的结合和整合，企业的外部知识获取为企业提供了帮助。外部学习有助于引入新的思想，产生知识的多样性，还可以对创新思想给予检验和评价，为创新的选择提供帮助（孙永风和李垣，2005）。组织本身就蕴涵着与产品开发及工艺流程相关的内部知识，但企业要想在竞争中获胜，仅靠内部知识是远远不够的，因为在知识经济时代，企业获取和维持竞争优势所需要的知识并不完全来源于企业内部。一方面，任何一个企业都没有能力创造自身所需要的全部知识；另一方面，企业也没有必要掌握各种知识，完全可以通过各种方式更经济地从外部获取自身所需要的知识。因此，集成企业内外部知识资源进行创新已成为当今企业普遍关注的做法。Leonard-Barton（1995）指出，由于存在能力差距，企业需要从外部寻找知识，包括从战略伙伴、用户、知识网络有关利益相关者获取源源不断的知识，这是避免核心刚性和获得动态能力的基础。Drucker 也指出，在知识经济中，一项重要的组织原则是网络、合伙和合作创业。企业只有通过与外部行为主体的广泛合作，同时加强企业内各部门之间的交流与沟通，才能更有效地获取和利用知识，从而提高企业的技术创新绩效。Kessler 等（2000）认为，客户、竞争者和本身产业之外也是企业知识的来源。学者们对新产品开发和产品创新领域的研究发现，供应商、客户、顾问，标杆管理和反向工程的结果，以及专利软件、科学和商业出版物、会议都能提供外部知识源，用于新产品开发和产品创新过程（Argote，1999；Bierly and Hamalainen，1995；von Hippel，1986，1978；Pascale，1984）。20 世纪 80 年代，发达国家和地区，尤其是美国、日本、欧洲地区的跨国企业为应对外部持续不断的变化和激烈竞争的商业环境，纷纷对竞争关系进行战略性调整，以合作竞争取代对立竞争，转而建立联盟或伙伴关系。为了长远战略利益开展更加广泛、更加深入的、全面的外部合作，日益发展的合作战略中最明显的现象就是“战略联盟”（Gupta and Govindarajan，2000）。“战略联盟”实际上是大型跨国企业与中小型企业或跨国企业直接合作的一种外部集成形式，许多大型跨国企业通过这种外部集成进行发展和扩张，继而实现全球战略目标。跨国企业在组织结构上演变为全球性网络公司。通过“战略联盟”这种外部集成方式达成保证性契约或战略协议，集成内外部资源，共享和控制外部资源，并通过保证性契约获得更多的管理资源。而由于内部资源的缺乏，中小型企业更依赖于外部知识集成（Kraaijenbrink et. al.，2007），并且主要是与其客户和供应商的知识集成（Johnson and Kuehn，1987）。

三、技术创新能力与管理创新能力之间的关系

在高技术企业中，技术创新能力应当是要素创新能力的核心，起决定作用。技术创新和管理创新分别属于企业发展不同的侧面，具有不同的内容。企业技术创新属于企业生产力的范畴，管理创新则属于生产力和生产关系的社会结合形式的范畴，而马克思主义政治经济学认为，生产力决定生产关系，生产关系反作用于生产力，所以从根本上来说，技术创新能力决定了管理创新能力。一方面，高技术企业的竞争优势最终体现在技术创新的成果之上，技术创新能力为企业带来了超额利润和技术条件，而这些利润和技术则是管理创新的物质基础。另一方面，技术创新能力会受到管理创新能力的限制，前者为技术创新能力提供了持久的动力机制和激励机制，后者则为技术创新能力提供了向现实的生产力转化的保障。当管理创新能力同技术创新能力的要求不一致时，会降低技术创新能力，也会带来管理创新能力的提高，当管理创新能力满足技术创新能力的要求时，会极大地推动技术创新和技术进步（赵光，2008）。

第六节　知识集成能力影响企业创新能力的概念模型

结合上文中对企业创新能力和知识集成各因素的分析，本书提出知识集成能力影响企业创新能力的概念模型，如图 3-3 所示。

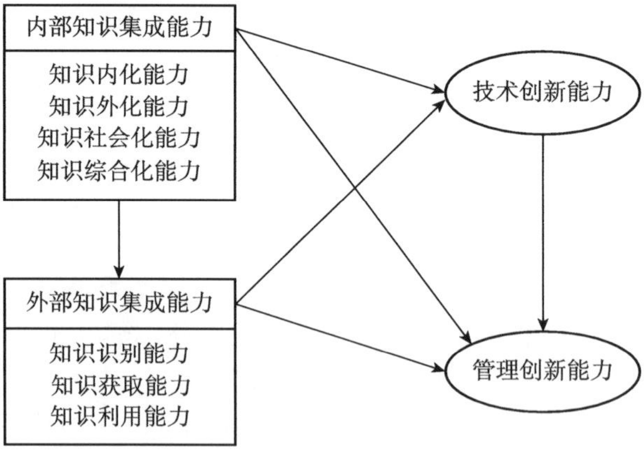

图 3-3　基于知识集成的企业创新能力模型

根据上述模型，提出如下假设。

H1：内部知识集成能力对企业技术创新能力有正向影响。

H2：内部知识集成能力对企业管理创新能力有正向影响。
H3：外部知识集成能力对企业技术创新能力有正向影响。
H4：外部知识集成能力对企业管理创新能力有正向影响。
H5：内部知识集成能力对企业外部知识集成有正向影响。
H6：技术创新能力能力对企业管理创新能力有正向影响。

实 证 篇

第四章　企业知识集成能力影响因素及对创新能力的影响机理实证研究

在本书第二章和第三章提出的企业知识集成能力影响因素理论模型和知识集成能力影响企业创新能力的理论模型及研究假设的基础上，本章将详细说明验证理论模型和研究假设的实证方法。目的是使该实证验证方法满足一般管理研究的可操作性和可重复性要求，并为后续的相关研究提供一套可以借鉴的步骤和程序。本章首先对实证研究中所涉及因素（包括内部知识集成能力、外部知识集成能力、技术创新能力、管理创新能力、组织文化、组织结构、组织学习、社会资本、吸收能力、激励机制和 IT 能力）的变量选取原则和度量设计进行分析；其次对样本的选择和抽样过程及所抽取对象的特征进行详细的描述，对本章所采取的结构方程建模的基本原理和特征进行简要的介绍，并给出与理论模型和假设相对应的结构方程模型，实现从理论模型向具体统计分析模型的转化；运用 SPSS17.0 和 AMOS170 对量表的信度和效度，以及假设关系进行了验证再次最后对实证结果进行了讨论，并给出了相应的管理策略和建议。

第一节　变量的选择与度量

一、企业内部知识集成能力

由于尚未有学者从内部知识集成和外部知识集成的角度对企业知识集成能力进行划分，所以对于企业内部知识集成能力而言，没有现成的量表可供参考。如前所述，本章将企业内部知识集成能力定义为企业获取组织内部各类专业人员的知识并实现知识的转化和传播、形成新的可利用的知识体系的能力。而组织中知识的转化和传播及新知识的产生是通过四个过程不断反复循环实现的，即显性知识隐性化的集成（内化）、显性知识之间的集成（综合化）、隐性知识显性化的集成（外化）和隐性知识之间的集成（社会化）。因此，本章从知识的内化能力、综合化能力、外化能力和社会化能力四个维度来度量企业内部知识集成能力，具体的量表设计参考了韩维贺和季绍波（2006）的研究，在其设计的量表中删除了社会化维度中与企业内部知识集成能力无关的 2 个题项（KC-S2

和 KC-S3)，保留了其余的 18 个题项，形成了本章的量表，其操作性定义如表 4-1所示。

表 4-1 企业内部知识集成能力操作性定义

研究变量	题 项
知识内化能力	(1) 本公司经常从销售、生产和研发等核心部门收集信息 (2) 本公司经常通过员工在组织内部“走动”学习，发现新的战略和市场机会 (3) 本公司创造了一个工作环境，适合员工通过示范和实践等方法来学习、理解专家经验和技能
知识外化能力	(4) 本公司鼓励员工之间进行具有创造性和必要性的对话 (5) 本公司鼓励员工充分表达个人观点 (6) 本公司鼓励员工经常交流不同的思想与观念 (7) 本公司鼓励员工在交流中使用归纳、演绎等方法来思考问题 (8) 本公司鼓励员工使用比喻、类比等方法来形象化描述新产生的概念
知识综合化能力	(9) 本公司利用各种公开的文献资料并采用计算机仿真、预测等方法来制定组织战略 (10) 本公司通过收集各种管理数据和技术信息来增加组织的资料 (11) 本公司建立了丰富的产品和服务数据库 (12) 本公司制定了完善的产品和服务手册 (13) 本公司在员工中积极传播新产生的概念和思想
知识社会化能力	(14) 本公司经常通过建立跨部门的项目团队来促进不同职能部门间的沟通与联络 (15) 本公司采用团队模式来实施各种项目，并在整个组织中分享成果 (16) 本公司中的团队不断搜寻和分享新的价值观念 (17) 本公司鼓励员工通过不断沟通来理解并分享组织愿景和本公司价值 (18) 本公司实施了先进的管理理念（如标杆管理）和营销观念（如市场测试）

二、企业外部知识集成能力

如前所述，本章将企业外部知识集成能力定义为企业对外部知识进行识别、获取并转化为自己的知识加以利用的能力，这种能力影响着外部知识集成的效果和水平。Iansiti 和 West（1997）从外部技术集成和客户知识集成两个维度来测量外部知识集成。周建其（2006）采用社会化能力、协调能力和吸收能力三个指标来衡量竞争性战略联盟中的知识整合能力。郑景华和汤宗益（2004）采用系统化能力、互动协调能力与社会化能力三个指标来衡量跨组织合作中的知识集成能力。谢洪明等（2008 b）认为，社会化能力和合作能力是知识整合能力的主要构成要素。Kraaijenbrink 等（2007）从外部知识的识别、获取和利用三个维度来测量企业的外部知识集成过程。综合以上研究，本章采用知识识别能力、知识获取能力和知识利用能力三个指标来衡量企业外部知识集成能力，共 10 个题项，其操作性定义如表 4-2 所示。

表 4-2 外部知识集成能力操作性定义

研究变量	题 项
知识识别能力	(1) 员工会通过一些渠道(如阅读专业期刊和参加研讨会)搜寻与工作相关的技术资讯 (2) 员工会通过网络搜寻与工作相关的技术资讯 (3) 公司会鼓励员工搜寻与工作相关的技术资讯
知识获取能力	(4) 公司目前与外部组织已建立战略联盟关系,以获取所需资讯和知识 (5) 公司目前与外部组织已建立专利授权关系,以获取所需资讯和知识 (6) 公司目前与外部组织(包括顾客、供应商等)已建立合作研发关系,以获取所需资讯和知识
知识利用能力	(7) 公司善于借鉴或重复利用已有知识,避免不必要的重复研发 (8) 公司善于对知识资源开发新的用途,增加新的收入来源 (9) 公司善于改善知识利用的方式或流程,提高顾客满意度和劳动生产力 (10) 公司善于在所有员工间共享和传播知识经验,提高组织的整体智力

三、组织文化

本章对组织文化的测量采用 Wallach(1983)的组织文化量表,该量表定义了三种独立的、便于测量的组织文化:官僚型文化、创新型文化、支持型文化。很多学者的实证研究表明,这种分类方法具有较高的效度。该量表曾被 Kanungo 等(2001)、苏国桢和陈荣德(2003)、Lin(2008b)运用并修订,共有 11 个题项,其操作性定义如表 4-3 所示。

表 4-3 组织文化操作性定义

研究变量	题 项
官僚型文化	(1) 本公司内部程序清晰且高度系统化 (2) 本公司员工必须遵守内部规章制度 (3) 本公司各部门的权利和责任能达到平衡 (4) 本公司内部强调道德和原则
创新型文化	(5) 本公司员工的积极性和主动性比较强 (6) 本公司内部有支持创新的激励机制 (7) 本公司员工经常能感受到挑战性工作所带来的压力 (8) 本公司员工内部关系融洽
支持型文化	(9) 本公司员工强调团队精神的凝聚力 (10) 本公司员工之间有很多合作机会 (11) 本公司能为员工创造一种关怀和安全的工作环境

四、组织学习

本章对组织学习的测量来自 Baker 和 Sinkula(1999)的量表,包含对学习的承诺、分享愿景、开放心智 3 个构面，共 19 个题项。对学习的承诺是指组织将学习视为公司最主要的基本价值；分享愿景是指组织中的主管会将公司未来发展的愿景与员工分享；开放心智是指组织不能受限于仅以自己熟悉的方式去思考，要能超越成规、创意思考。本章根据预调研及与知识管理方面的专家学者进行讨论的结果，删除了其中的 7 个题项，保留了其余的 12 个题项作为本章的组织学习量表，其操作性定义如表 4-4 所示。

表 4-4 组织学习操作性定义

研究变量	题 项
对学习的承诺	(1) 本公司的主管们认为公司的学习能力对建立竞争优势非常重要 (2) 本公司认为员工应该不断学习 (3) 本公司将员工的学习视为一项投资 (4) 本公司认为学习是公司生存的必要条件
分享愿景	(5) 本公司的高层管理者对公司的定位及未来发展有清楚的界定和表述 (6) 本公司各部门都有自己共同的愿景 (7) 本公司所有的员工均承诺要为本公司的目标而努力工作 (8) 本公司员工都认为他们对本公司未来发展方向有一份责任 (9) 本公司的部门主管会与员工分享他们的愿景
开放心智	(10) 本公司员工勇于质疑公司运营的各种规定和惯例 (11) 本公司的主管们认为包容接纳各种不同的声音是很重要的 (12) 本公司非常重视原创性，鼓励员工能超越常规、创意思考

五、组织结构

对于组织结构特性的维度划分而言，不同的学者从不同的角度进行了研究。例如，Hage（1965）将组织结构划分为集权化、复杂化、正式化三个维度。Aldrich 和 Pfeffer（1976）将组织划分为组织集权、程序正式化和组织控制三个维度；Daft 和 Lewin（1993）从集权程度、权利层级、形式化、专门化、标准化、复杂性、专业化、人事比例几个维度来度量组织结构。由此可以看出，尽管学者们看法有所差异，但他们都对组织的权力结构和规范化程度给予了更多的关注。组织的权力结构是指组织个体中实际的职责和权力分配；组织规范化程度是指计划和控制体系，以及决策、协调和执行等过程。前者与组织职权的建立相关，而后者与组织的过程规则相关，即前者表现为组织内部权力的配置情况，后者说明的是工作和流程的规范化程度（林山和黄培伦，2007）。因此，本章认为组织集权化和组织正式化是影响组织结构要素的潜在关键要素，这两个特性变量可以用来描述组织结构特性。

本章对组织结构的测量主要参考 Lin（2008b）的量表，删除了其量表中的组织结构复杂化维度，保留了组织的正式化程度和集权化程度两个维度，根据预调研的结果，删除了集权化程度维度中的最后一个题项，因此最终的量表共包含 8 个题项，其操作性定义如表 4-5 所示。

表 4-5　组织结构操作性定义

研究变量	题　项
正式化程度	（1）本公司内部程序高度标准化 （2）本公司员工的任务高度结构化 （3）本公司员工的工作自主权较小 （4）本公司员工在工作时一般不需要与其他人进行探讨或寻求帮助
集权化程度	（5）本公司大多数员工都能在部门内部分享决策权 （6）本公司所处的行业环境具有高度的不确定性，因此权利的分配是保证本公司灵活性和响应速度的一个重要机制 （7）本公司在地理位置上具有分散性，因此需要进行权利划分 （8）由于管理决策的灵活性，本公司的战略能够有效执行

六、社会资本

本章对社会资本的测量主要参考韦影（2007）设计的量表，从结构维度、关系维度、认知维度三个维度进行测量，共 10 个题项，其操作性定义如表 4-6 所示。

表 4-6　企业社会资本操作性定义

研究变量	题　项
结构维度	（1）公司内部生产部门、研发部门、营销部门之间联系频繁 （2）公司与客户、供应商和科研院所等利益相关者联系频繁 （3）公司内部生产部门、研发部门、营销部门之间进行联系所花费时间较多 （4）与公司保持联系的客户、供应商和科研院所等利益相关者数量较多
关系维度	（5）联系双方在合作过程中有损人利己的倾向 （6）联系双方能真诚合作 （7）联系双方能相互信守诺言
认知维度	（8）联系双方因有共同语言能有效沟通 （9）联系双方存在相似的价值取向 （10）联系双方拥有一致的集体目标

七、吸收能力

Cohen 和 Levinthal（1990）在其初始研究中，将企业吸收能力水平与研发强度等同视之，即用研发强度作为表征企业吸收能力的外在变量。Jones 和 Craven（2001）认为，研发强度和劳动生产率对吸收能力影响最大。George 等（2001）使用研发强度和专利数来衡量吸收能力。Atuahene-Gima 和 Murray（2007）认为，吸收能力的三个影响因素为：①企业的人力资产、相关知识累积机制或组织文化及知识分布状况；②企业过去在研发、制造与营销上所累积的知识；③企业的相关部门对外界技术知识机会的敏感度。综合上述研究和国内企业现状，本章参考徐传期（2006）的量表，从研发投资、员工教育训练、行业经验三个维度来对吸收能力进行测量，共10个题项，其操作性定义如表4-7所示。

表4-7 吸收能力操作性定义

研究变量	题 项
研发投资	（1）与其他部门比较，公司的研发单位受到较多重视 （2）与其他公司比较，公司的研发投资预算较高 （3）公司研发人员的研发经验丰富 （4）公司对于非直接但相关之技术会进行研发
员工教育训练	（5）公司对于所举办的教育训练活动态度积极 （6）公司员工希望接受公司安排的教育训练 （7）与其他厂商比较，员工有较多的进修机会
行业经验	（8）公司在过去的营运过程中积累了丰富的作业知识与经验 （9）公司制造人员的制造经验丰富 （10）公司以往在该领域中拥有丰富的知识与技术

八、激励机制

本章对激励机制的测量主要参考Lin（2008b）的量表，并结合李毅然和熊阳武（2001）的研究，对量表的题项作了相应的修正，保留了量表中物质激励（外部激励）维度中的4个题项和非物质激励（内部激励）维度的1个题项，在内部激励维度中加入了自我成长、工作自主和工作成就感3个题项。物质激励是指金钱或其他方式的奖励等，非物质激励是指精神方面或对于员工成就的表彰等，最终形成的量表共含8个题项，其操作性定义如表4-8所示。

表4-8 激励机制操作性定义

研究变量	题 项
物质激励	（1）本公司注重使用物质激励来提高员工的士气 （2）本公司有相应的物质激励政策来对提出问题解决方案的员工进行激励 （3）本公司有相应的物质激励政策来对提供知识来源和主动进行知识共享的员工进行激励 （4）本公司有相应的利润分享政策
非物质激励	（5）本公司为员工提供了较好的自我成长和发展途径 （6）本公司员工对于自己的工作有较大的自主权 （7）本公司员工在工作中能获得较大的成就感 （8）本公司通过公开表彰等方式向提供知识来源和主动进行知识共享的员工表示感谢和敬意

九、IT 能力

本章对 IT 能力的测量采用了吴亚玲（2007）设计的量表，从 IT 基础设施、企业 IT 资源、IT 激活的无形资产三个维度进行测量，共 10 个题项，其操作性定义如表 4-9 所示。

表 4-9 IT 能力操作性定义

研究变量	题项
IT 基础设施	（1）企业有完善的网络建设 （2）企业投入大量资金进行硬件配置（PC、服务器、数据存储器等） （3）企业有完善合理的信息安全保障 （4）企业内部生产管理相关系统建设比较完善 （5）企业与外部企业交流的相关系统建设比较完善
企业 IT 资源	（6）企业拥有根据需要分析设计 IT 系统的技能 （7）企业拥有管理 IT 系统功能和项目的能力
IT 激活的无形资产	（8）企业能够通过 IT 技术跟踪和预测客户的需求变化，并制定相应的策略 （9）企业通过 IT 积累了大量有用的技能和经验 （10）企业能够通过 IT 实现与相关企业之间及企业各部门之间的资源和能力共享

十、技术创新能力

本章衡量技术创新能力的量表综合了 Damanpour（1991）、Schumann 等（1994）、Higgins（1995）和蔡启通（2001）的研究，在其设计的量表基础上进行了相应的修改，最终的量表由 12 个题项组成，其操作性定义如表 4-10所示。

表 4-10 技术创新能力操作性定义

研究变量	题项
产品创新能力	（1）本公司对顾客需求或市场潮流掌握较佳 （2）本公司产品开发与功能设计相关的技术能力较强 （3）本公司有较多数目的专利权 （4）本公司经常开发一些被市场接受的新产品或服务 （5）本公司在新产品推出或商品化方面速度通常较快 （6）本公司有相当高的利润是来自新开发的产品或服务 （7）与同行相比，本公司类似产品质量优良率较佳
流程创新能力	（8）本公司经常引进一些可以改善作业流程的新技术 （9）本公司同仁经常想出改善产品作业流程的新方法 （10）本公司能在短时间内调整生产的产量 （11）本公司能依照顾客临时紧急的要求，弹性而快速地生产并交货 （12）本公司会添购新的工具或设备，对生产或工作效率的提高很有助益

十一、管理创新能力

本章借鉴纪姗姗（2009）对管理创新形式的划分，将管理创新分为四个维度，即管理理念创新、管理组织创新、管理制度创新、管理方式创新四个维度来反映企业的管理创新能力。量表共包含12个题项，其操作性定义如表4-11所示。

表4-11　管理创新能力操作性定义

研究变量	题　项
管理理念创新	（1）企业成功地提出了新的发展策略 （2）企业在生产、经营或服务的方式方法上成功地进行了创新 （3）企业成功地提出了新的发展理念
管理组织创新	（4）企业对组织机构的设置进行了有效的改革与调整 （5）企业对各部门的岗位和职责进行了有益的调整 （6）企业对各部门间的相互关系进行了有益的调整
管理制度创新	（7）企业中的某些管理制度得到了有效的创新或改进 （8）企业对员工的激励约束机制进行了成功的创新或改进 （9）企业在一些工作的流程上进行了有效的创新或改进
管理方式创新	（10）企业中的领导者对管理的方式和风格进行了有效的创新或改进 （11）企业成功地引入了新的管理手段或技术，如信息技术等 （12）企业在内部管理方面的方法进行了有效的创新或改进

第二节　问卷设计及抽样过程

一、问卷设计

本章采用的实证研究方法为问卷调查法。首先进行变量的选择和度量，形成调查问卷的初稿。对调查问卷中的题项选择采用的是Likert量表的七点方式，数字1～7代表的含义分别为：1——完全不同意、2——很不同意、3——不同意、4——无所谓、5——同意、6——很同意、7——非常同意。随着数字的增大，与题目内容的符合程度逐渐加深。

为了确保问卷调查的质量，在正式向调查对象发放问卷之前，先面向20个企业的中高级管理者进行了小范围的预调研，征求他们关于问卷的意见，目的是检测问卷结构的完整性及所设计问题的可理解性。根据反馈的结果，在教研室内部进行集中讨论，并征求多位知识管理方面的专家的意见，对问卷中意思表达不够明确的题项从语义上进行了相应的修改，形成了正式的调查问卷。

正式问卷共包括四个部分：①本次调研的背景资料——有助于被访问者对

调研背景产生一定的感性认知；②被调查人员所在组织的基础信息——有助于确认样本的可代表性，筛选有效问卷，并获取样本的描述性特征；③问卷主体部分填写说明——指出问卷中具体的格局安排，以明确问卷填写方法；④主体问题部分——按照模型要素分类设计。其中，主体部分共有117个题项，涉及企业内部知识集成能力、外部知识集成能力、组织文化、组织结构、组织学习、社会资本、IT能力、激励机制、吸收能力、技术创新能力和管理创新能力11个变量（表4-12）。此外，在问卷中，由于测谎的必要，设计了一些反向变量，如在社会资本的量表中存在反向变量。因此，在进行正式统计分析之前，对其进行了反向数据的调整。

表4-12 变量及其度量指标

序号	变量名称	度量指标	问题数量
1	内部知识集成能力	知识内化能力	3
		知识外化能力	5
		知识系统化能力	5
		知识社会化能力	5
2	外部知识集成能力	知识识别能力	3
		知识获取能力	3
		知识利用能力	4
3	组织文化	官僚型文化	4
		创新型文化	4
		支持型文化	3
4	组织结构	集权化程度	4
		正式化程度	4
5	组织学习	对学习的承诺	4
		分享愿景	5
		开放心智	3
6	社会资本	结构维度	4
		认知维度	3
		关系维度	3
7	IT能力	IT基础设施	5
		企业IT资源	2
		IT激活的无形资产	3
8	激励机制	物质激励	4
		非物质激励	4
9	吸收能力	研发投资	4
		员工教育训练	3
		行业经验	3
10	技术创新能力	产品创新能力	7
		流程创新能力	5
11	管理创新能力	管理理念创新	3
		管理组织创新	3
		管理制度创新	3
		管理方式创新	3

二、数据收集

1. 样本的分布

本章研究的是企业知识集成能力及其影响因素，因此我们以知识密集型企业作为调查对象，数据的收集以企业为单位。为了保证样本数据的普遍性，选择了不同经济发展水平地区的样本，以扩大研究结果的适用范围。

2. 调研对象的选择

在代表企业填写问卷的人员选择方面，以中高层经理人员为主，调查对象在现在工作的企业中必须具有五年以上的工作经历，以确保调查对象对企业的整体情况较为熟悉，并对企业内员工的生存状况和行为特征有较深入的了解。基层员工往往只了解自己周围的小圈子，对企业的全面发展缺乏了解，中高层管理者对企业的战略层面有宏观的了解，是本次调研较为理想的对象。

3. 样本数量的确定

本章采用的分析方法是结构方程模型（SEM）。对于结构方程模型所要求的样本数量，不同学者的看法差异较大。Bagozzi 和 Yi（1988）认为，线性结构方程所要求的样本数量至少要有 50 个，最好达到估计参数 5 倍以上。Gerbing 和 Anderson（1988）则建议在应用结构方程模型时，样本至少要有 150 个。Loehlin（1992）建议样本规模至少应达到 100 个，最好为 200 个。Hair（1998）认为，样本数量起码要大于 100 个，但也不能太大，若超过了 400 个，则最大似然估计将会变得非常敏感，从而使所有的适合度指标变得很差。应用比较广泛的是 Gorsuch（1983）的观点，他认为样本量的大小，应保证测量问项与受访者的比例在 1∶5 以上，最好达到 1∶10。综合考虑上述研究结论，为了保证研究结果的可靠性，本章的样本规模确定为 300～400 个。

4. 数据搜集范围的选择

本次问卷的发放主要采取以下三种方式：①通过高校教师给 MBA 学员教授管理类课程的机会发放问卷 100 份，回收问卷 92 份。接受调查的学员均为企业中层以上领导，对本公司的情况非常熟悉，并且通过对 MBA 课程的学习，对问卷各题项有较好的理解，能保证问卷的可靠性。②通过政府机关工作人员与企业的联系发放问卷 250 份，回收问卷 214 份。③通过我们与企业技术主管及中高层管理人员的关系网络发放问卷 150 份，回收问卷 109 份。

5. 数据收集结果

本次调查共发放问卷500份，回收415份问卷，其中40份由于企业不合作等被剔除。与此同时，问卷中包含了调查对象在企业中的工作年限必须达五年以上及调查对象必须是中层及以上管理成员的要求，因此根据这些条件进行了第二次剔除。共有36个调查对象无法满足上述对工作年限或职务的要求，另外有9份问卷的信息严重不足，无法进行统计分析。因此，共获得330份有效问卷，满足了数据分析方法大样本（至少300）的要求，问卷回收率为83%，有效回收率为66%，远大于20%的可接受回收率（Gaedeke and Tooltelian，1976），本次调查的过程和结果较为理想。

第三节　模型的验证方法与程序

一、研究方法

本章所用的结构方程模型是应用线性方程系统表示观测变量与潜变量之间，以及潜变量之间关系的一种统计方法。从发展历史来看，结构方程模型起源很早，但是其核心概念在20世纪70年代初期才被相关研究人员提出。自20世纪80年代以来，结构方程模型迅速发展，弥补了传统统计方法的不足，成为多元数据分析的重要工具，在心理学、管理学、社会学等社会科学领域中得到了广泛的应用。

传统的统计分析方法有线性相关分析、线性回归分析等。线性相关分析是研究两个随机变量之间的统计联系，两个变量地位平等，没有因变量和自变量之分，因此相关系数不能反映单指标与总体之间的因果关系。线性回归是比线性相关更复杂的方法，它在模型中定义了因变量和自变量，但它只能提供变量间的直接效应而不能显示可能存在的间接效应，而且共线性会导致单项指标与总体出现负相关等无法解释的数据分析结果。而结构方程模型是一种建立、估计和检验因果关系模型的方法。模型中既包含有可观测的显变量，也可能包含无法直接观测的潜变量。与传统的回归分析不同，结构方程模型能同时处理多个因变量，并可比较和评价不同的理论模型。与传统的探索性因子分析不同，在结构方程模型中，可以提出一个特定的因子结构，并检验它是否吻合数据。通过结构方程多组分析，可以了解不同组别内各变量的关系是否保持不变，各因子的均值是否有显著差异。结构方程模型可以替代多重回归、通径分析、因子分析、协方差分析等方法，清晰分析单项指标对总体的作用和单项指标间的相互关系。

与传统的统计建模分析方法相比，结构方程模型具有以下优点（侯杰泰等，2004）：①同时处理多个因变量。结构方程模型可同时考虑并处理多个因变量。在回归分析或路径分析中，即使统计结果的图表中展示多个因变量，在计算回归系数或路径系数时，仍是对每个因变量逐一计算。所以图表看似是对多个因变量同时考虑，但在计算对某一个因变量的影响或关系时，都忽略了其他因变量的存在及其影响。②容许自变量和因变量含测量误差。态度、行为等变量，往往含有误差，也不能简单地用单一指标测量。结构方程模型容许自变量和因变量均含测量误差。变量也可用多个指标测量。用传统方法计算的潜变量间相关系数，与用结构方程模型计算的潜变量间相关系数，可能相差很大，这种差距的大小取决于潜变量与其指标间关系的强弱。③同时估计因子结构和因子关系。假设要了解潜变量之间的相关，每个潜变量用多个指标或题目测量，一个常用的做法是对每个潜变量先用因子分析计算潜变量（即因子）与题目的关系（即因子负荷），进而得到因子得分，作为潜变量的观测值，再计算因子得分，作为潜变量之间的相关系数。这是两个独立的步骤。在结构方程中，这两步同时进行，即因子与题目之间的关系和因子与因子之间的关系同时考虑。④容许更大弹性的测量模型。传统上只容许每一题目（指标）从属于单一因子，但结构方程模型容许更复杂的模型。例如，用英语书写的数学试题，去测量学生的数学能力，则测验得分（指标）既从属于数学因子，也从属于英语因子（因为得分也反映英语能力）。传统因子分析难以处理一个指标从属多个因子或者考虑高阶因子等有比较复杂的从属关系的模型。⑤估计整个模型的拟合程度。在传统路径分析中，只估计每一路径（变量间关系）的强弱。在结构方程模型中，除了上述参数的估计外，还可以计算不同模型对同一个样本数据的整体拟合程度，从而判断哪一个模型更接近数据所呈现的关系。

结构方程模型中的变量从可测性角度来分，可以分为显变量和潜变量。显变量又称观测变量，是可以直接观察并测度的变量；潜变量是不能直接观察，但可从显变量间接测度出来的变量。从变量生成的角度来划分，可分为外生变量和内生变量。外生变量是不受其他变量影响（相当于自变量的概念）的变量；内生变量是受其他变量影响（相当于因变量的概念）的变量。结构方程模型可分为测量方程和结构方程两部分。测量方程描述潜变量与指标之间的关系，结构方程则描述潜变量之间的关系（侯杰泰等，2004）。

应用结构方程模型进行实证研究大致可分为八个步骤（黄芳铭，2003）。

1）理论：结构方程模型中变项间关系的呈现需要依靠理论来建立，而且理论是假设模式成立主要的解释依据。因此，理论的建立就成为结构方程模型的第一个步骤。

2）模式界定：将理论所呈现的假设以结构方程模型的形式加以表达。一般使用路径图来界定模式，也可以用一系列的方程式来表达。

3）模式识别：决定模式是否是可识别的。如果是可识别的，则表示理论上模式中的每一个参数都可以导出一个唯一的估计值。不同类型的结构方程模型必须符合某些要求才能获得可识别的条件。如果模式无法识别，那么将无法对模式做出正确的估计，也就是说，模式界定是失败的。

4）选择测量变项及搜集资料：此步骤是选择用于模式中的测量变项，并且搜集测量变项的资料作为后面分析模式之用。

5）模式估计：此步骤牵涉使用所搜集的资料来估计模式中参数的方法。在估计方法的使用上，最大似然法及一般化最小平方法等迭代法最受统计软件如LISREL、AMOS等的青睐。

6）适配度评鉴：用以决定理论预测模式与所搜集资料间适配的程度。一般适配度的评鉴可以分为整体模式适配度检验、测量模式适配度检验及结构模式适配度检验。一般而言，在整体模式适配度检验达到模式可接受的程度时，才接着检验另外两类，否则就进入下一个步骤：模式修正。如果研究者倾向于严格的检验过程，则可以宣称模式失败。

7）模式修正：当整体模式适配度未达到可接受的程度，可以依据理论假设及统计所呈现的结果，来将参数释放或固定，再重新估计模式。如果理论允许的话，这个过程可以重复，直到模式达到接受的程度。

8）解释：即对模式的统计结果做出解释。通常在结果呈现时，牵涉非标准化参数估计与标准化参数估计，以及直接效果、间接效果与总效果。非标准化参数与量尺本身的规模有关，非标准化估计应含当所有其他独立变项维持平均数状态时，一个单位的独立变项的改变造成依赖变项改变的程度。标准化估计是非标准化估计的转变形式，其目的是去除量尺规模的影响。因此，它可以作模式内参数的比较，使研究者可以知道哪一个参数影响力较大，哪一个较小。直接效果是指某一变项对另一变项的直接影响。间接效果是指某一变项对另一变项的影响是通过其他变项而形成的。总效果是指某一变项对另一变项的直接效果加上间接效果的总和。

二、结构方程模型的构建

本章所建立的结构方程模型同样包括了测量模型和结构模型两大部分。其中，测量模型中主要涉及观测变量和潜变量之间的关系，而结构模型主要涉及潜变量之间的关系。而且，观测变量和潜在变量还分为外源观测变量、外源潜变量、内源观测变量和内源潜变量。因此，在进一步构建结构关系路径图之前，有必要把各变量的名称、所属类型、表示方法及它们之间的关系进行说明。根据本章第一节的研究，我们确定了各变量的度量项目，根据理论模型和研究假设，用不同的符号表示出来，如表 4-13～表 4-16 所示，整体结构方程模型设定如图 4-1 和图 4-2 所示。

表 4-13　企业知识集成能力影响因素模型中外源变量的设定

外源潜变量名称	外源潜变量表示	外源观测变量名称	外源观测变量表示
组织文化	ξ_1	支持型文化	cul_1
		官僚型文化	cul_2
		创新型文化	cul_3
组织结构	ξ_2	正式化程度	str_1
		集权化程度	str_2
激励机制	ξ_3	物质激励	mot_1
		非物质激励	mot_2
IT 能力	ξ_4	IT 基础设施	it_1
		企业 IT 资源	it_2
		IT 激活的无形资产	it_3

表 4-14　企业知识集成能力影响因素模型中内源变量的设定

内源潜变量名称	内源潜变量表示	内源观测变量名称	内源观测变量表示
组织学习	η_1	对学习的承诺	ol_1
		分享愿景	ol_2
		开放心智	ol_3
社会资本	η_2	结构维度	sc_1
		关系维度	sc_2
		认知维度	sc_3
吸收能力	η_3	研发投资	ac_1
		员工教育训练	ac_2
		行业经验	ac_3
内部知识集成能力	η_4	内化能力	$ikic_1$
		外化能力	$ikic_2$
		综合化能力	$ikic_3$
		社会化能力	$ikic_4$
外部知识集成能力	η_5	知识识别能力	$ekic_1$
		知识获取能力	$ekic_2$
		知识利用能力	$ekic_3$

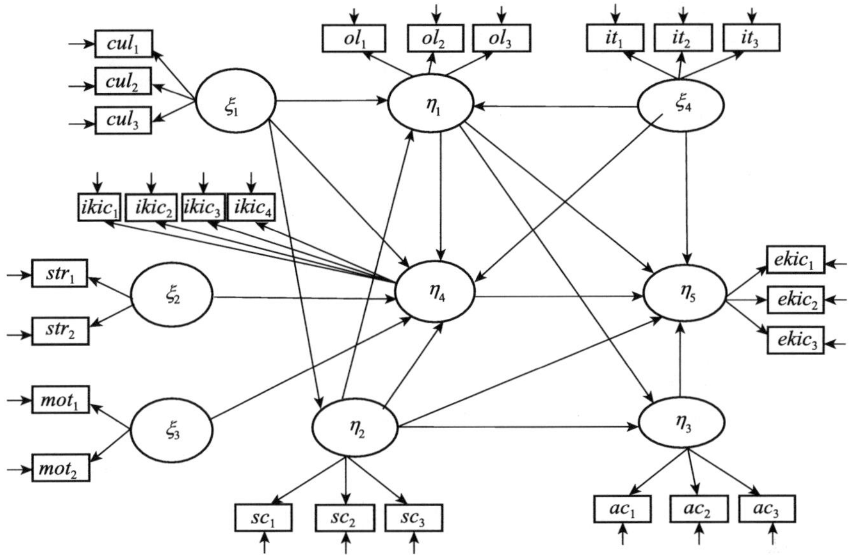

图 4-1 企业知识集成能力影响因素结构方程模型设定

表 4-15 企业知识集成能力影响创新能力的模型中外源变量的设定

外源潜变量名称	外源潜变量表示	外源观测变量名称	外源观测变量表示
内部知识集成能力	ξ_1	知识内化能力	iki_1
		知识外化能力	iki_2
		知识社会化能力	iki_3
		知识综合化能力	iki_4

表 4-16 企业知识集成能力影响创新能力的模型中内源变量的设定

内源潜变量名称	内源潜变量表示	内源观测变量名称	内源观测变量表示
外部知识集成能力	η_1	知识识别能力	eki_1
		知识获取能力	eki_2
		知识利用能力	eki_3
技术创新能力	η_2	产品创新能力	ti_1
		流程创新能力	ti_2
管理创新能力	η_3	管理理念创新	mi_1
		管理组织创新	mi_2
		管理制度创新	mi_3
		管理方式创新	mi_4

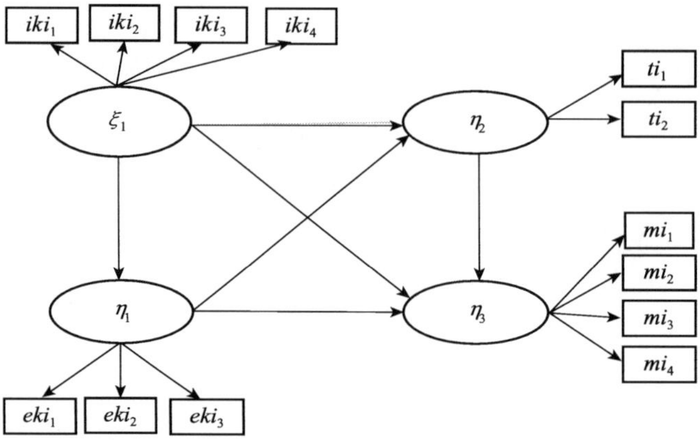

图 4-2 企业知识集成能力影响创新能力的结构方程模型设定

第四节 数 据 分 析

本节的数据分析包括问卷的描述性统计分析、量表的信度和效度检验及假设关系的验证。首先进行的是数据特征描述，这是假设关系验证和结果讨论的基础，然后运用克隆巴赫（Cronbach's）α 系数和探索性因子分析及验证性因子分析对量表进行信度和效度分析，运用结构方程模型分析整体模型的关系并验证所提出的假设。本研究具体运用 SPSS17.0 进行数据特征描述和探索性因子分析，运用 AMOS17.0 进行验证性因子分析，并且评估测量模型和结构模型的拟合优度。

一、数据特征描述

从描述统计的结果来看，调查数据来源于对国有企业（140 家）、民营企业（100 家）和三资企业（包括合资、合作及独资企业 90 家）展开的大规模问卷调查。所在企业的类型包括传统制造业（80 家），信息、电子、电信、制药和生物等高技术企业（149 家），金融业（33 家），服务业（68 家），可以看出调查的主要对象是知识密集型企业，符合调研要求。在调查对象所在企业的员工规模方面，100 人以下占 18.5%，100～300 人占 17%，300～500 人占 20.3%，500 人以上占 44.2%；在资金规模方面，1 亿元以下的企业占 45.1%，1 亿～10 亿元的企业占 33.5%，10 亿元以上的企业占 21.4%。为保证实证研究结论的可适用性，所调查的各种规模的企业所占比例大致与现实相符。调查对象所在企业的城市分布包括北京（55 家）、广州（51 家）、上海（54 家）、西安（101 家）和其他城市（69 家），覆盖面较广。调查对象的职务分布包括公司董事长（21 人）、总经理（41 人）、副总经理（47 人）及中层以上管理人员（215 人），其中中层以上管理人员占了65.2%，这些人员对企业情况比较熟悉，符合调研要求。调查对象中大专以上学历占了91.6%，其中本科及以上学历又占了75.5%，可以认为调查对象具有较好的学历背景。另外，调查对象的从业年限均值为6.50年（SD=1.35），最高为17年，最低为5年，这些数据特征表明了调查所获得的数据具有较强的真实性，基本能够符合本书实证研究的特定要求。

二、数据分析方法

实证研究中准确、系统地收集研究对象的资料是一项很重要的任务。由于问卷涉及被试者主观态度的调查，检验这些测量得到的数值是否可靠或是否准确的问题就涉及问卷的信度检验和效度检验。

信度和效度是评价量表质量的两个重要指标。信度是测量项目受到潜在变量影响而产生的真实分数的变异相对于观察到的分数的变异之间的比例（Hunter and Gerbing，1982），测量的是所得结果间的一致性或稳定性。信度越高，代表同一量表不同题项所测量到的分数受到误差的影响越小，因而使测量项目的分数在不同受访者的回答之下能够反映真实状态，说明该量表测试结果的可靠性程度高。

对问卷信度的测量途径有两种，一种是用再测法或复本法进行稳定性测量，另一种是内部一致性测量。再测法和复本法在使用过程中限制性较强，因此实证研究中广泛采用的是内部一致性测量法来判断量表信度。在Likert态度量表法中常用的内部一致性信度检验方法为克隆巴赫α信度系数和折半信度。Crocker和Algina（1986）指出，克隆巴赫α系数是估计信度的最低限度，估计内部一致性系数时用克隆巴赫α系数优于折半法。因此，本研究采用克隆巴赫α系数来进行信度分析。Nunnally和Berstein（1994）指出，测度变量的克隆巴赫α系数应大于0.7，并且题项-总体相关系数（CITC）应大于0.35。Guilford（1965）指出，克隆巴赫α信度系数值若在0.7以上，则可称为具有高信度；若低于0.35，则需要拒绝。子因子对总因子的相关系数最好要大于0.6。

效度是指实证测量在多大程度上反映了概念的真实含义（Babbie，2000）。效度是测量的必要条件，缺乏效度则测量就既无意义也无用处，因为它不能解释真正想解释的特征或属性。一个未曾提示或说明效度的测量工具，难以确定其测量结果的适合性，是不能贸然使用的。习惯上，学者们将效度分为三类，即内容效度、建构效度与效标关联效度。这三类效度并无优劣好坏之分，在研究过程中应用测量工具时，须根据研究问题的性质与研究目的而决定采种何种效度证据。本书中，针对所研究的问题，主要从内容效度和建构效度两方面对问卷调查的效度进行测量。内容效度是指测验或量表内容的适当性与代表性，即测验内容能反映所要测量的心理特质。内容效度常以题目分布的合理性来判断，一般是通过定性的方法进行，即召集相关专家对题项和内容的符合程度进行判断。本书所采用的调查问卷大多数问卷题项都经过多次分析与处理，在多年的国内外相关学者的研究中被多次引用，具有很好的内容效度。

建构效度以理论的逻辑分析为基础，同时又根据实际所得的资料来检验理论的正确性，是一种相当严谨的效度检验方法，并在众多的研究领域中获得了广泛的运用与认同。对于建构效度的测量，广泛采用的是因子分析法（factor analysis）。因子分析法是通过研究众多变量之间的内部依赖关系，探求观测数据中的基本结构，并用少数几个假想变量（因子）来表示基本的数据结构的方法（郭志刚，1998）。1904年，英国心理学家斯皮尔曼在考察“智力”结构时首次采用了因子分析的方法，随后，因子分析法的理论和数学基础逐步得到发展和完善，目前已经发展成为统计学的一个分支。因子分析法的基本思想是将观测变量进行分类，将相关性较高，即联系比较紧密的变量分在同一类中，而不同类变量之间的相关性则较低，那么每一类变量实际上就代表了一个基本结构，即公共因子。对于所研究的问题就是试图用最少个数的不可测的公共因子的线性函数与特殊因子之和来描述原来观测的每一分量。因子分析法的目的就是揭示观测变量之间的内在联系性，在尽可能地保存原有资料信息的前提下，用较少的维度去表示原来的数据结构。

因子分析法的基础是变量之间的相关性，因子分析法首先要计算各个因子之间的两两相关，一般有以下几种检验方法：①Bartlett球度检验。用于检验相关阵是否是单位阵，检验这些相关系数是否不同且大于零。Bartlett球度检验是以变量的相关系数矩阵为出发点的，它的零假设相关系数矩阵是一个单位阵，即相关系数矩阵对角线上的所有元素都为1，所有非对角线上的元素都为0。Bartlett球度检验的统计量是根据相关系数矩阵的行列式得到的。该统计量服从分布，如果该值较大，且其对应的相伴概率值小于一定的显著性水平（本书采用0.05），那么应该拒绝零假设，认为相关系数矩阵不可能是单位阵，也即原始变量之间存在相关性，适合做因子分析；相反，如果该统计量比较小，且其对应的相伴概率大于显著性水平，则不能拒绝零假设，认为相关系数矩阵可能是单位阵，不适合做因子分析。某一群题目两两之间有高相关性，显示可能存在一个因子。与此同时，分量表的有效性通过考察观测因子之间的因子载荷系数，即正交旋转矩阵。在社会科学中，因子载荷大于0.4就被认为有效。②KMO检验。KMO统计量用于比较变量间简单相关和偏相关系数，检验变量间的偏相关性是否足够小，以判断数据是否适合进行因子分析。KMO统计量的取值范围在0和1之间。如果KMO的值越接近于1，则所有变量之间的简单相关系数平方和远大于偏相关系数平方和，因此越适合做因子分析；如果KMO越小，则越不适合做因子分析。Kaiser（1974）认为，KMO>0.9时，极适合进行因子分析；0.8<KMO≤0.9时，

适合进行因子分析；0.7<KMO≤0.8时，尚可进行因子分析；0.6<KOM≤0.7时，勉强进行因子分析；0.5<KOM≤0.6时，不适合进行因子分析；KMO≤0.5时，非常不宜做因子分析。③共同性指数检查，指在某一变量上各因子负荷量平方值的总和。变量的共同性越高，因子分析的结果越理想。题项的平均共同性最好在0.7以上，如果样本数大于250个，平均共同性应该在0.6以上。

对于因子提取的个数及方法而言，目前有三种标准：①SPSS的缺省设置中采用的因子特征值≥1.0的标准。特征值表示一个因子所解释的方差数，其值等于因子负载的平方和。研究者在实际研究中运用最多的就是这种标准。②碎石检验法（Cattell，1966）。SPSS程序中提供了碎石检验的曲线，一般认为，曲线变平开始前的一个点是提取的最大因子数，该点前的因子就是最后所提取的。③平行分析法。这一方法实际只是碎石检验法的变异体，除了碎石检验中的散点图，该方法还增添了另一条特征值曲线，这些特征值取自相同变量和被试情况下的一组完全随机数据的因子分析结果。当真实数据下的特征值小于随机数据特征值时，该点前的因子即为应提取的数目。Kaiser（1974）认为，碎石检验标准的主观性太强，因此一般推荐使用平行分析方法来确定因子的数目。这种标准比起碎石检验标准来说减少了研究者主观因素的影响，结果也更客观、真实、有效。

因子分析法包括探索性因子分析法（EFA）和验证性因子分析法（CFA）。探索性因子分析法不事先假定因子与测度项之间的关系，而让数据“自己说话”，也就是假设所有的特殊因子间及特殊因子与公因子间是彼此独立、不相关的。验证性因子分析法假定因子与测度项的关系是部分知道的，即哪个测度项对应于哪个因子。探索性因子分析法可用于检测问卷的项目是否能够唯一地测量潜在变量，即是否具有单建构尺度。Straub（1989）建议使用探索性因子分析法与多属性方法矩阵来检验测量工具的建构效度。Gerbing和Anderson（1988）指出，单建构尺度是指一组测量项目仅存在单一的品质或建构可以作为代表。Anderson和Gerbing（1988）指出，一般而言，要检验量表是否具备单建构尺度的品质可参考以下两项条件：①每一个测量项目必须显著地与相对应的潜在变量相关联；②该测量项目只能与唯一的潜在变量相关联（Bagozzi and Yi，1988）。验证性因子分析可用于检验探索性因子分析得到的结果的拟合能力（Diamantopoulos，1994）。

探索性因子分析法最常用的提取因子的方法有两种：主成分分析法和主轴因子法。主成分分析法和主轴因子法提取因子的程序基本相同，主要区别在于对观测变量公因子方差的估计不同。在主成分分析法中，假定所有观测变量的方差都能被公因子解释，即每个变量的公因子方差都为1.0。在主轴因子法中，它的基本假定是观测变量之间的相关能完全被公因子解释，而变量的方差不一定完全被公因子解释，因此在主轴因子法中，公因子方差不一定是1.0。决定选用何种方法时，一般有两点值得考虑：一是因子分析的目的，二是对变量方差的了解程度。如果因子分析的目的是用最少的因子最大限度地解释原始数据的方差，则应用主成分分析法；若因子分析的主要目的是确定数据结构，则适合用主轴因子法。在本章中采用主成分分析法进行探索性因素分析。

三、量表的信度和效度分析

本章使用 SPSS 探索性因子分析法来进行量表效度的初步检验，并使用 AMOS 对量表进行验证性因子分析，检验其拟合效果。

对 9 个概念的效度分别进行检验。检验分为以下 6 个步骤：①取同一概念下的题项；②检查其 KMO 值是否超过 0.5，若低于 0.5 则意味着不适合做因子分析（Kaiser，1974）；③进行 Bartlett 球度检验，$P<0.05$；④累积解释变量超过 50%；⑤取出特征值大于 1 的因素，如果无此因素则剔除统计；⑥因素载荷在各因素上的取值至少大于 0.5，如果出现因素载荷取值全部小于 0.5 的题项，应剔除该题项后再次做因子分析，直到所有题项均符合要求（Fornell and David，1981）。

探索性因子分析法用以决定一个结构性概念是由几个维度构成的。然而，如果因子分析法在信度分析之前进行，则很有可能产生比概念维度还多的维度，这主要是因为可能有垃圾题项的存在，这些题项因为没有共同的核心概念而自成一个维度（Churchill，1979）。因此，量表开发者必须先进行信度分析，删除不需要的题项，净化和消除垃圾题项。净化测量项的处理技术是考察各题项的 CITC，即在同一变量维度下，每一测量项目与其他所有测量项目之和的相关系数，若 CITC 小于 0.4（也有学者认为小于 0.5 时），应删除该题项。本章参照 0.5 标准，小于 0.5 则删除该测量项目，直至产生满意的克隆巴赫 α 系数值之后，再运用主成分分析法及方差最大的直交旋转法对数据进行探索性因子分析，并运用验证性因子分析检验探索性因子分析所得结果的拟合能力，验证从理论文献归纳出的概念性维度与探索性因子分析所得出的实证性维度是否相符。

（一）企业内部知识集成能力

首先运用 SPSS17.0 对企业内部知识集成能力共 18 个测量题项（$V_1 \sim V_{18}$）进行信度检验。各度量题项的克隆巴赫 α 系数值均大于 0.5，CITC 值都大于 0.5，显然满足要求。SPSS 的数据分析表明，KMO 统计量为 0.928，大于 0.5，表明变量间的相关程度无太大差异，数据适合做因子分析。以主成分分析法进行探索性因子分析，抽取方法为主成分分析法，旋转方法为 Varimax 斜交旋转，产生相应的 4 个因子。由此，可得到由 4 个因子、18 个观测变量构成的内部知识集成能力的测量模型。对此测量模型运用 AMOS17.0 进行验证性因子分析，拟合指数如表 4-17 所示，可以看出各项拟合指数均很好，表明测量模型具有良好的拟合性。最终的测量模型如图 4-3 所示。

表 4-17 企业内部知识集成能力测量模型拟合指数

拟合指数	指　标	指标值
绝对拟合	χ^2	265
	df	158
	GFI	0.927
	AGFI	0.903
	RMSEA	0.045
相对拟合	CFI	0.967
	NFI	0.922
	IFI	0.967

注：χ^2 为卡方统计量，df 为自由度，GFI、AGFI 和 RMSEA 为绝对拟合指数，分别表示拟合优度指数、调整拟合优度指数和近似误差均方根。GFI、NFI、IFI 为相对拟合指数，分别表示比较拟合指数规范拟合指数和增值拟合指数

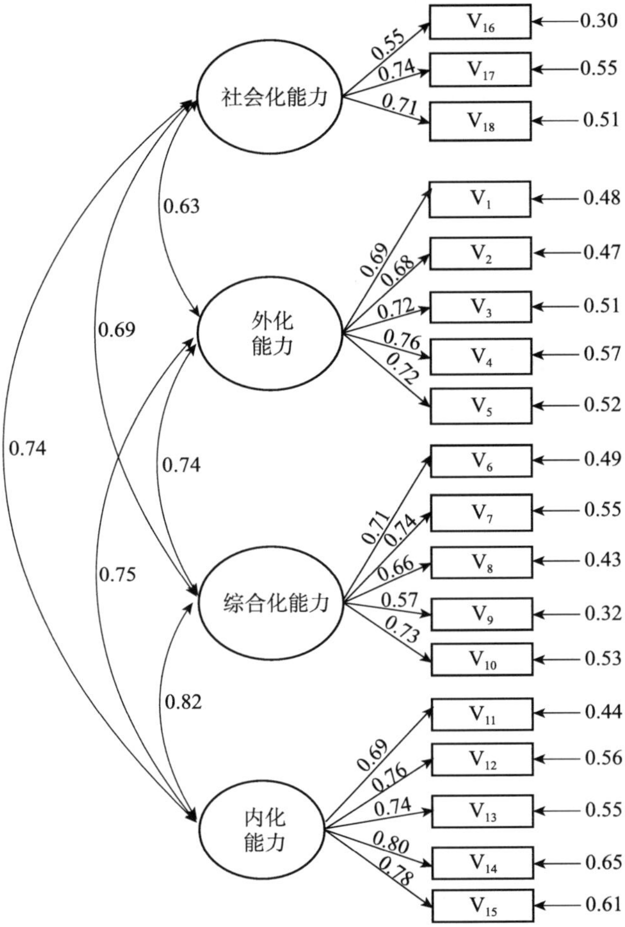

图 4-3 企业内部知识集成能力测量模型

（二）企业外部知识集成能力

首先运用SPSS17.0对企业外部知识集成能力共10个度量题项（V_{19}～V_{28}）进行信度检验。各度量题项的克隆巴赫α系数值均大于0.5，题项V_{28}的CITC值为0.321，小于0.5，其余各个题项的CITC值都大于0.5，因此删除题项V_{28}。SPSS的数据分析显示，KMO统计量为0.822，大于0.5，表明变量间的相关程度无太大差异，数据适合做因子分析。对其余的9个题项以主成分分析法进行探索性因子分析，得到由3个因子、9个观测变量构成的外部知识集成能力的测量模型。运用AMOS17.0对其进行验证性因子分析，结果如表4-18所示，可以看出各项拟合指数均很好，表明测量模型的拟合程度较好。最终的企业外部知识集成能力测量模型如图4-4所示。

表4-18　企业外部知识集成能力测量模型拟合指数

拟合指数	指　标	指标值
绝对拟合	χ^2	58
	df	39
	GFI	0.969
	AGFI	0.947
	RMSEA	0.039
相对拟合	CFI	0.988
	NFI	0.964
	IFI	0.988

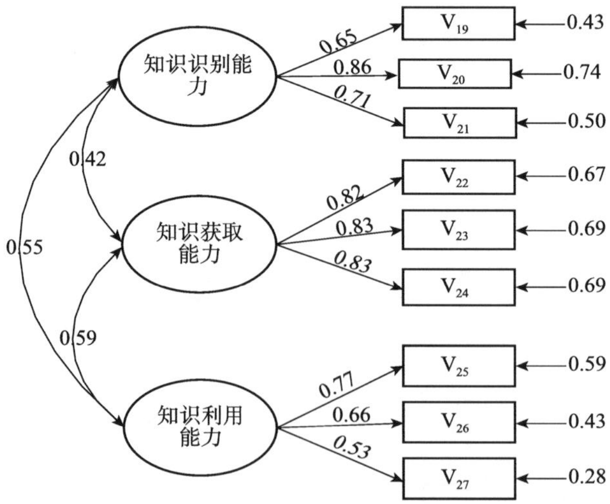

图4-4　企业外部知识集成能力测量模型

（三）组织文化

首先运用 SPSS17.0 对组织文化共 11 个度量题项（V_{28}～V_{38}）进行信度检验。各度量题项的克隆巴赫 α 系数值均大于 0.5，CITC 值都大于 0.5，显然满足要求。SPSS 的数据分析显示，KMO 统计量为 0.794，大于 0.5，表明变量间的相关程度无太大差异，数据适合做因子分析。以主成分分析法进行探索性因子分析，得到由 3 个因子、11 个观测变量构成的组织文化测量模型，其中，抽取方法为主成分分析法，旋转方法为 Varimax 斜交旋转。运用 AMOS17.0 对其进行验证性因子分析，结果如表 4-19 所示，各项拟合指数均很好，表明测量模型的拟合程度较好。最终的组织文化测量模型如图 4-5 所示。

表 4-19 组织文化测量模型拟合指数

拟合指数	指 标	指标值
绝对拟合	χ^2	53
	df	37
	GFI	0.972
	AGFI	0.951
	RMSEA	0.036
相对拟合	CFI	0.988
	NFI	0.962
	IFI	0.989

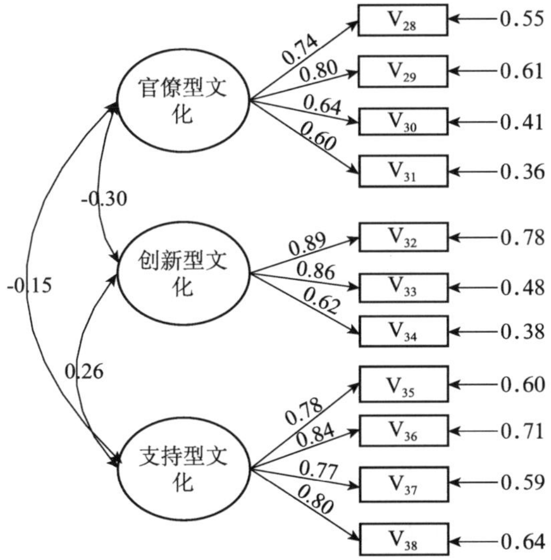

图 4-5 组织文化测量模型

（四）组织学习

首先运用 SPSS17.0 对组织学习共 12 个度量题项（V_{39}～V_{50}）进行信度检验。各度量题项的克隆巴赫 α 系数值均大于 0.5，各个题项的 CITC 值都大于 0.5，显然满足要求。SPSS 的数据分析显示，KMO 统计量为 0.790，大于 0.5，表明变量间的相关程度无太大差异，数据适合做因子分析。以主成分分析法进行探索性因子分析，题项 V_{47} 横跨两个因子，因此删除该题项，这样形成了由 3 个因子、11 个观测变量构成的组织学习测量模型。运用 AMOS17.0 对其进行验证性因子分析，结果如表 4-20 所示，可以看出各项拟合指数均很好，表明测量模型的拟合程度较好。最终的组织学习测量模型如图 4-6 所示。

表 4-20　组织学习测量模型拟合指数

拟合指数	指　标	指标值
绝对拟合	χ^2	81
	df	48
	GFI	0.961
	AGFI	0.937
	RMSEA	0.046
相对拟合	CFI	0.981
	NFI	0.955
	IFI	0.981

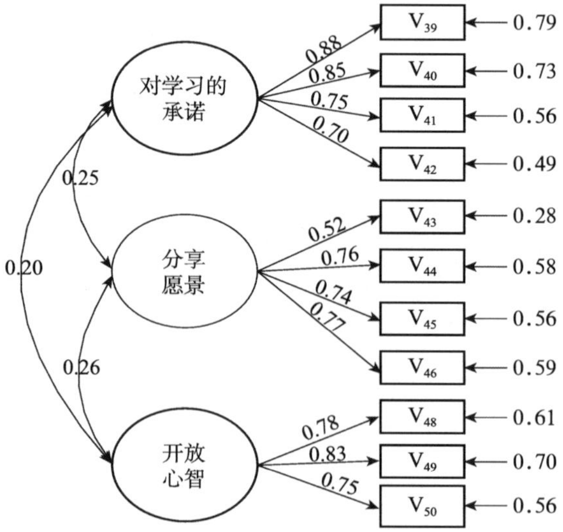

图 4-6　组织学习测量模型

（五）组织结构

首先运用 SPSS17.0 对组织结构共 8 个度量题项（V_{51}～V_{58}）进行信度检验。各度量题项的克隆巴赫 α 系数值均大于 0.5，各个题项的 CITC 值都大于 0.5，显然满足要求。SPSS 的数据分析显示，KMO 统计量为 0.764，大于 0.5，表明变量间的相关程度无太大差异，数据适合做因子分析。以主成分分析法进行探索性因子分析，得到由 2 个因子、8 个观测变量构成的组织结构测量模型。同时运用 AMOS17.0 对其进行验证性因子分析，结果如表 4-21 所示，可以看出各项拟合指数均很好，表明测量模型的拟合程度较好。最终的组织结构测量模型如图 4-7 所示。

表 4-21　组织结构测量模型拟合指数

拟合指数	指　标	指标值
绝对拟合	χ^2	32
	df	19
	GFI	0.977
	AGFI	0.956
	RMSEA	0.046
相对拟合	CFI	0.983
	NFI	0.959
	IFI	0.983

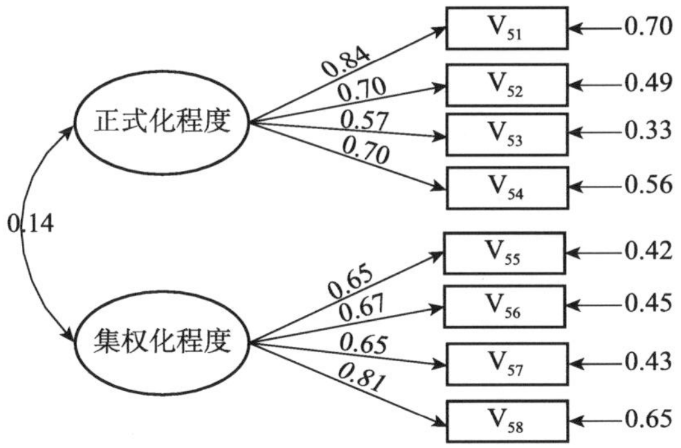

图 4-7　组织结构测量模型

（六）社会资本

首先运用 SPSS17.0 对社会资本共 10 个度量题项（V_{59}～V_{68}）进行效度检验。各度量题项的克隆巴赫 α 系数值均大于 0.5，各个题项的 CITC 值都大于 0.5，显然满足要求。SPSS的数据分析显示，KMO统计量为0.790，大于0.5，表明变量间的相关程度无太大差异，数据适合做因子分析。以主成分分析法进行探索性因子分析，得到由3个因子、10个观测变量构成的社会资本测量模型。同时运用AMOS17.0对其进行验证性因子分析，结果如表4-22所示，可以看出各项拟合指数均很好，表明测量模型的拟合程度较好。最终的社会资本测量模型如图4-8所示。

表4-22　社会资本测量模型拟合指数

拟合指数	指　标	指标值
绝对拟合	χ^2	42
	df	40
	GFI	0.978
	AGFI	0.964
	RMSEA	0.012
相对拟合	CFI	0.999
	NFI	0.972
	IFI	0.999

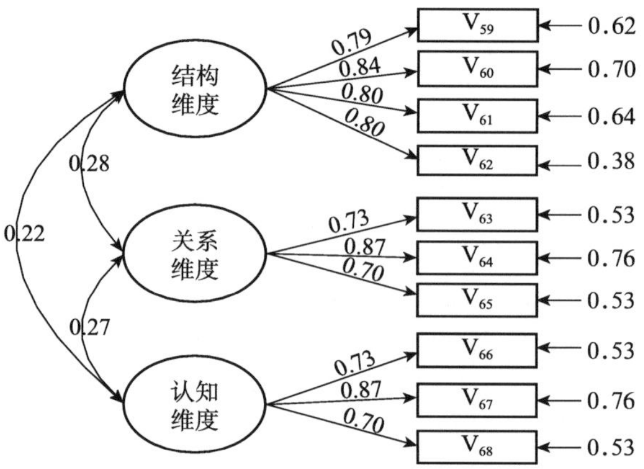

图4-8　社会资本测量模型

（七）吸收能力

首先运用SPSS17.0对吸收能力共10个度量题项（V_{69}～V_{78}）进行信度检验。各度量题项的克隆巴赫α系数值均大于0.5，各个题项的CITC值都大于0.5，显然满足要求。SPSS的数据分析显示，KMO统计量为0.887，大于0.5，表明变量间的相关程度无太大差异，数据适合做因子分析。以主成分分析法进行探索性因子分析，获得由3个因子、10个观测变量构成的吸收能力测量模型。

同时，运用 AMOS17.0 对其进行验证性因子分析，结果如表 4-23 所示，可以看出各项拟合指数均很好，表明测量模型的拟合程度较好。最终的吸收能力测量模型如图 4-9 所示。

表 4-23 吸收能力测量模型拟合指数

拟合指数	指 标	指标值
绝对拟合	χ^2	47
	df	29
	GFI	0.974
	AGFI	0.950
	RMSEA	0.043
相对拟合	CFI	0.990
	NFI	0.974
	IFI	0.990

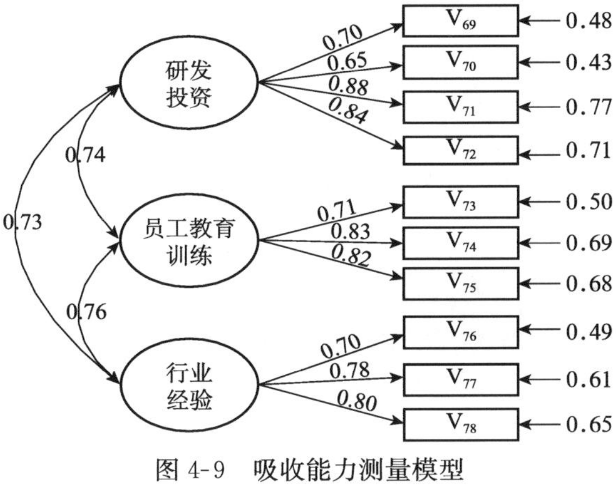

图 4-9 吸收能力测量模型

(八)激励机制

首先运用 SPSS17.0 对激励机制共 8 个度量题项（$V_{79}\sim V_{86}$）进行信度检验。各度量题项的克隆巴赫 α 系数值均大于 0.5，各个题项的 CITC 值都大于 0.5，显然满足要求。SPSS 的数据分析显示，KMO 统计量为 0.820，大于 0.5，表明变量间的相关程度无太大差异，数据适合做因子分析。以主成分分析法进行探索性因子分析，获得由 2 个因子、8 个观测变量构成的激励机制测量模型。同时，运用 AMOS17.0 对其进行验证性因子分析，结果如表 4-24 所示，可以看出测量模型的拟合程度较好。最终的激励机制测量模型如图 4-10 所示。

表 4-24　激励机制测量模型拟合指数

拟合指数	指　标	指标值
绝对拟合	χ^2	25
	df	17
	GFI	0.958
	AGFI	0.960
	RMSEA	0.038
相对拟合	CFI	0.993
	NFI	0.978
	IFI	0.993

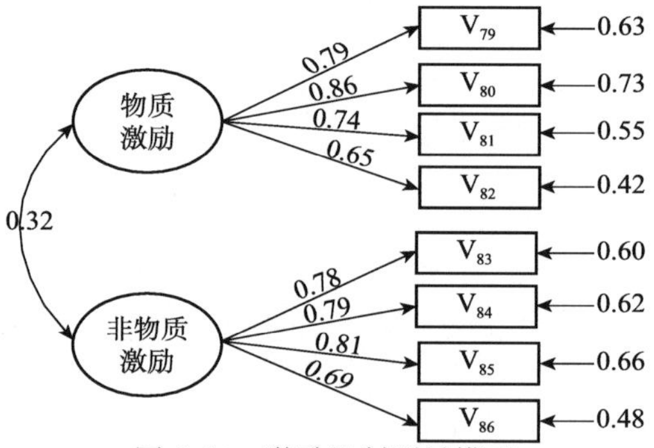

图 4-10　激励机制测量模型

(九) IT 能力

首先运用 SPSS17.0 对 IT 能力共 10 个度量题项（V_{87}～V_{96}）进行效度检验。各度量题项的克隆巴赫 α 系数值均大于 0.5，各个题项的 CITC 值都大于 0.5，显然满足要求。SPSS 的数据分析显示，KMO 统计量为 0.907，大于 0.5，表明变量间的相关程度无太大差异，数据适合做因子分析。以主成分分析法进行探索性因子分析，获得由 3 个因子、10 个观测变量构成的 IT 能力测量模型。同时运用 AMOS17.0 对其进行验证性因子分析，结果如表 4-25 所示，可以看出各项拟合指数均很好，表明测量模型的拟合程度较好。最终的 IT 能力测量模型如图 4-11 所示。

表 4-25　IT 能力测量模型拟合指数

拟合指数	指　标	指标值
绝对拟合	χ^2	43
	df	25
	GFI	0.975
	AGFI	0.945
	RMSEA	0.046

续表

拟合指数	指标	指标值
相对拟合	CFI	0.991
	NFI	0.979
	IFI	0.991

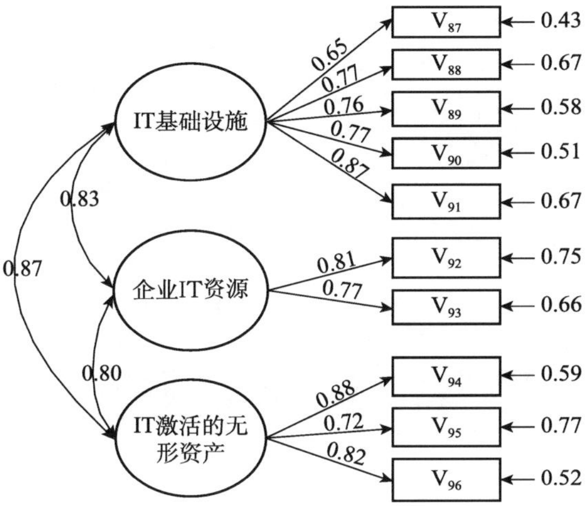

图 4-11 IT 能力测量模型

（十）技术创新能力

运用 SPSS17.0 对企业技术创新能力的所有 12 个度量（V_{97}～V_{108}）题项首先进行信度检验。各度量题项的克隆巴赫 α 系数值均大于 0.5，各个题项的 CITC 值都大于 0.5，显然满足要求。SPSS 的数据分析显示，KMO 统计量为 0.794，大于 0.5，表明变量间的相关程度无太大差异，数据适合做因子分析。以主成分分析法进行探索性因子分析，获得由 2 个因子、12 个观测变量构成的技术创新能力测量模型，其中，抽取方法为主成分分析法，旋转方法为 Varimax 斜交旋转。运用 AMOS17.0 对其进行验证性因子分析，结果如表 4-26 所示，可以看出各项拟合指数均很好，表明测量模型的拟合程度较好。最终的技术创新能力测量模型如图 4-12 所示。

表 4-26 技术创新能力测量模型拟合指数

拟合指数	指 标	指标值
绝对拟合	χ^2	43.7
	df	14
	GFI	0.973
	AGFI	0.945
	RMSEA	0.067

续表

拟合指数	指　标	指标值
相对拟合	CFI	0.971
	NFI	0.959
	IFI	0.983

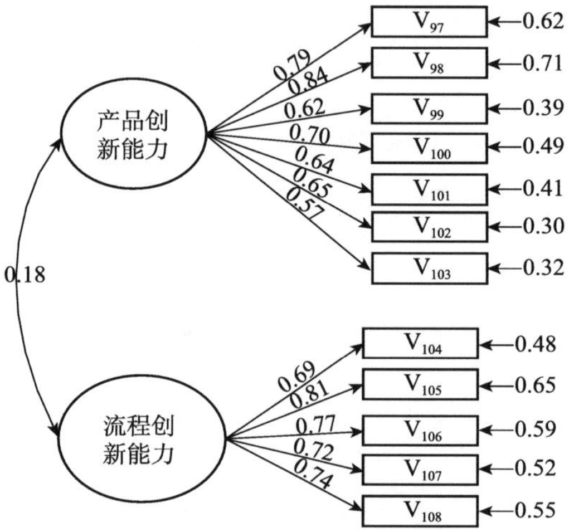

图 4-12　技术创新能力测量模型

（十一）管理创新能力

首先运用 SPSS17.0 对企业管理创新能力共 12 个度量（V109～V120）题项进行信度检验。各度量题项的克隆巴赫 α 系数值均大于 0.5，各个题项的 CITC 值都大于 0.5，显然满足要求。SPSS 的数据分析显示，KMO 统计量为 0.790，大于 0.5，表明变量间的相关程度无太大差异，数据适合做因子分析。以主成分分析法进行探索性因子分析，获得由 3 个因子、12 个观测变量构成的管理创新能力测量模型。用 AMOS17.0 对其进行验证性因子分析，结果如表 4-27 所示，可以看出各项拟合指数均很好，表明测量模型的拟合程度较好。最终的管理创新能力测量模型如图 4-13 所示。

表 4-27　管理创新能力测量模型拟合指数

拟合指数	指　标	指标值
绝对拟合	χ^2	154
	df	45
	GFI	0.941
	AGFI	0.938
	RMSEA	0.074

续表

拟合指数	指　标	指标值
相对拟合	CFI	0.957
	NFI	0.951
	IFI	0.958

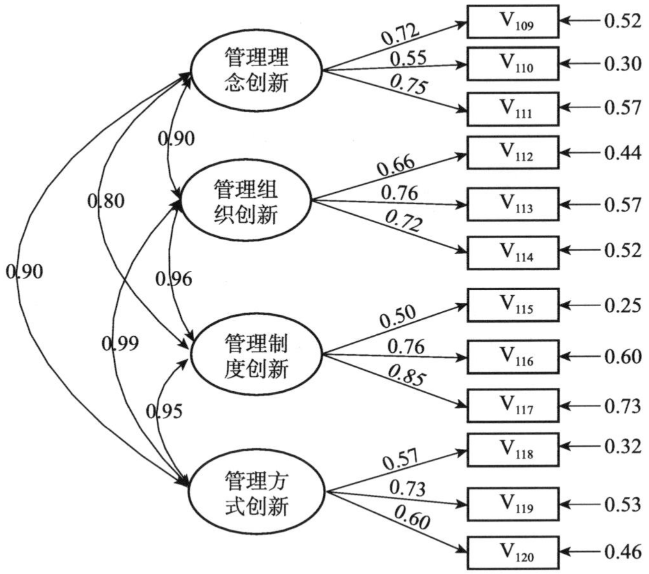

图 4-13　管理创新能力测量模型

第五节　假设与模型检验

本节将通过相关性分析和结构方程模型检验全面系统地对各个假设和整体模型进行验证和评估。

一、相关性分析

在进行结构方程模型检验之前，先对各个变量进行相关性分析。相关性分析是对假设的初步检验。一般来说，假设中的两个变量应该具有较高的相关性，并且相关系数具有统计意义。表 4-28 和表 4-29 给出了企业知识集成能力影响因素模型和企业知识集成能力影响创新能力模型的检验变量之间的相关系数及其显著性指标。可以看出，假设的各组关系中，相关系数都具有统计意义，因此原始的假设得到了基本的验证。

表 4-28　企业知识集成能力影响因素 Pearson 相关系数矩阵

变量	$ikic_1$	$ikic_2$	$ikic_3$	$ikic_4$	sc_1	sc_2	sc_3	eki_1	eki_2	eki_3	ac_1	ac_2	ac_3
$Ikic_1$	1												
$Ikic_2$	0.635	1											
$Ikic_3$	0.693	0.741	1										
$Ikic_4$	0.747	0.758	0.824	1									
sc_1	0.523	0.516	0.519	0.590	1								
sc_2	0.515	0.540	0.591	0.513	0.784	1							
sc_3	0.544	0.570	0.582	0.554	0.821	0.772	1						
Eki_1	0.553	0.585	0.554	0.529	0.768	0.705	0.755	1					
Eki_2	0.599	0.534	0.580	0.526	0.765	0.714	0.765*	0.820	1				
Eki_3	0.526	0.512	0.525	0.519	0.768	0.705	0.791	0.745	0.787	1			
ac_1	0.271	0.364	0.242	0.309	0.685	0.669	0.674	0.693	0.631	0.635	1		
ac_2	0.235	0.316	0.295	0.382	0.649	0.516	0.557	0.630	0.693	0.630	0.743	1	
ac_3	0.231	0.279	0.216	0.301	0.688	0.650	0.554	0.585	0.717	0.685	0.727	0.761	1
ol_1	0.543	0.581	0.595	0.517	0.587	0.532	0.545	0.536	0.538	0.525	0.698	0.567	0.595
ol_2	0.770	0.747	0.766	0.715	0.748	0.778	0.730	0.757	0.794	0.712	0.714	0.608	0.631
ol_3	0.566	0.565	0.571	0.706	0.716	0.543	0.521	0.574	0.587	0.533	0.635	0.618	0.640
cul_1	0.648	0.631	0.666	0.698	0.605	0.645	0.671	0.264	0.221	0.378	0.329	0.322	0.216
cul_2	−0.532	−0.514	−0.535	−0.606	−0.545	−0.567	−0.552	−0.33	−0.31	−0.30	−0.25	0.417	−0.31
cul_3	0.691	0.695	0.699	0.722	0.599	0.642	0.633	0.393	0.226	0.334	0.365	0.421	0.394
str_1	0.511	0.537	0.559	0.571	0.298	0.305	0.365	0.359	0.060	0.076	0.162	0.277	0.158
str_2	0.565	0.580	0.554	0.543	0.255	0.357	0.218	0.113	0.176	0.103	0.334	0.279	0.345
It_1	0.683	0.683	0.693	0.735	0.218	0.417	0.400	0.506	0.574	0.583	0.199	0.295	0.258
It_2	0.768	0.772	0.703	0.725	0.227	0.422	0.266	0.594	0.555	0.568	0.129	0.262	0.158
It_3	0.732	0.755	0.662	0.686	0.205	0.418	0.448	0.209	0.271	0.253	0.246	0.274	0.244
mot_1	0.558	0.552	0.598	0.569	0.182	0.319	0.302	0.163	0.323	0.395	0.364	0.273	0.101
mot_2	0.542	0.519	0.511	0.631	0.225	0.377	0.409	0.444	0.337	0.311	0.263	0.309	0.313

续表

变量	ol_1	ol_2	ol_3	cul_1	cul_2	cul_3	str_1	str_2	it_1	it_2	it_3	mot_1	mot_2
$Ikic_1$													
$Ikic_2$													
$Ikic_3$													
$Ikic_4$													
sc_1													
sc_2													
sc_3													
Eki_1													
Eki_2													
Eki_3													
ac_1													
ac_2													
ac_3													
ol_1													
ol_2	1												
ol_3	0.754	1											
cul_1	0.703	0.761	1										
cul_2	0.602	0.628	0.669	1									
cul_3	−0.575	−0.567	−0.54	−0.80	1								
str_1	0.642	0.645	0.625	−0.75	0.659	1							
str_2	0.134	0.209	0.282	0.220	0.354	0.552	1						
str_2	0.212	0.257	0.407	0.284	0.411	0.277	0.737	1					
It_1	0.582	0.583	0.531	0.090	0.311	0.341	0.069	0.04	1				
It_2	0.718	0.709	0.505	0.207	0.143	0.096	0.104	0.16	0.82*	1			
It_1	0.169	0.270	0.244	0.210	0.202	0.136	0.169	0.14	0.87*	0.84*	1		
mot_1	0.324	0.468	0.439	0.088	0.127	0.247	0.102	0.25	0.22	0.23	0.2	1	
mot_2	0.441	0.297	0.473	0.068	0.179	0.108	0.109	0.17	0.16	0.18	0.1	0.84*	1

* 表示在 0.05 的显著性水平下相关

表 4-29 企业知识集成能力影响创新能力的模型中 Pearson 相关系数矩阵

变量	iki_1	iki_2	iki_3	iki_4	eki_1	eki_2	eki_3	ti_1	ti_2	mi_1	mi_2	mi_3	mi_4
iki_1	1												
iki_2	0.467**	1											
iki_3	0.562**	0.409**	1										
iki_4	0.399**	0.339**	0.476**	1									
eki_1	0.462**	0.394**	0.523**	0.541**	1								
eki_2	0.521**	0.315**	0.470**	0.395**	0.577**	1							
eki_3	0.325**	0.186**	0.327**	0.298**	0.723**	0.700**	1						
ti_1	0.519**	0.643**	0.670**	0.527**	0.741**	0.711**	0.753**	1					
ti_2	0.561**	0.642**	0.711**	0.559**	0.822**	0.870**	0.798**	0.678**	1				
mi_1	0.696**	0.535**	0.751**	0.628**	0.527**	0.683**	0.719**	0.460**	0.555**	1			
mi_2	0.574**	0.578**	0.583**	0.714**	0.512**	0.555**	0.538**	0.560**	0.573**	0.417**	1		
mi_3	0.707**	0.775**	0.568**	0.610**	0.506**	0.557**	0.595**	0.400**	0.503**	0.354**	0.506**	1	
mi_4	0.582**	0.719**	0.523**	0.644**	0.551**	0.682**	0.582**	0.459**	0.531**	0.430**	0.485**	0.737**	1

** 表示在 0.01 的显著性水平下相关

二、结构方程模型的检验

根据 Niehoff 和 Moorma（1993）的建议，本章采用巢模式法进行结构方程模型的分析。巢模式分析法以理论模式为基础，在虚无模式（M_0）与理论模式（M_t）间设定多个巢模式，以这些模式与理论模式相比较形成巢状模式的分析方式。其中，理论模式是根据本研究架构的理论观点所设定的模式，而虚无模式是指潜在变量间的路径系数均限定为 0 的模式，这一模式适合度最差，可作为计算比较适合度指标（CFI）的基础。分别以各种相关模式的卡方值与理论模式相比较，再以卡方差异度检验来验证假设的显著性。卡方差异度检验将要检验的路径系数设定为 0，再计算限定模式与未限定模式（即理论模式）间卡方值差异，如果卡方值差异达到显著水平，则拒绝这一路径系数为 0 的假设，而支持此路径关系存在的事实。

对于企业知识集成能力影响因素模型而言，分析的结果如表 4-30 所示，在虚无模式与理论模式间设定 17 个巢模式。模式 M_1 在理论模型基础上仅假设组织文化到内部知识集成能力的路径为 0，模式 M_2 在理论模型基础上仅假设组织学习到内部知识集成能力的路径为 0，模式 M_3 在理论模型基础上仅假设 IT 能力到内部知识集成能力的路径为 0，模式 M_4 在理论模型基础上仅假设激励机制到内部知识集成能力的路径为 0，模式 M_5 在理论模型基础上仅假设组织结构到内部知识集成能力的路径为 0，模式 M_6 在理论模型基础上仅假设社会资本到内部知识集成能力的路径为 0，模式 M_7 在理论模型基础上仅假设组织学习到外部知识集成能力的路径为 0，模式 M_8 在理论模型基础上仅假设 IT 能力到外部知识集成能力的路径为 0，模式 M_9 在理论模型基础上仅假设吸收能力到外部知识集成能力的路径为 0，模式 M_{10} 在理论模型基础上仅假设社会资本到外部知识集成能力的路径为 0，模式 M_{11} 在理论模型基础上仅假设组织文化到组织学习的路径为 0，模式 M_{12} 在理论模型基础上仅假设 IT 能力到组织学习的路径为 0，模式 M_{13} 在理论模型基础上仅假设社会资本到组织学习的路径为 0，模式 M_{14} 在理论模型基础上仅假设组织文化到社会资本的路径为 0，模式 M_{15} 在理论模型基础上仅假设组织学习到吸收能力的路径为 0，模式 M_{16} 在理论模型基础上仅假设社会资本到吸收能力的路径为 0，模式 M_{17} 在理论模型基础上仅假设内部知识集成能力到外部知识集成能力的路径为 0。

表 4-30　企业知识集成能力影响因素模型的巢模式法比较分析（n=330）

模　式	χ^2	df	$\Delta\chi^2$	GFI	AGFI	CFI	RMSR
M_t：理论模式	468.17	238	—	0.934	0.902	0.982	0.044
M_1：$\gamma_{14}=0$	484.34	239	16.17***	0.931	0.899	0.981	0.046
M_2：$\beta_{14}=0$	496.23	239	28.06***	0.930	0.897	0.980	0.047
M_3：$\gamma_{44}=0$	470.97	239	2.80	0.933	0.902	0.982	0.045
M_4：$\gamma_{24}=0$	477.30	239	9.13**	0.933	0.901	0.982	0.045
M_5：$\gamma_{34}=0$	474.22	239	6.05***	0.932	0.901	0.982	0.045

续表

模　式	χ^2	df	$\Delta\chi^2$	GFI	AGFI	CFI	RMSR
M_6：$\beta_{24}=0$	477.30	239	9.13**	0.932	0.900	0.982	0.045
M_7：$\beta_{15}=0$	538.17	239	70.00***	0.925	0.890	0.977	0.051
M_8：$\gamma_{45}=0$	468.94	239	0.77	0.934	0.902	0.982	0.044
M_9：$\beta_{35}=0$	531.50	239	63.33*	0.925	0.890	0.978	0.050
M_{10}：$\beta_{25}=0$	470.93	239	2.76	0.933	0.902	0.982	0.045
M_{11}：$\gamma_{11}=0$	493.77	239	25.6***	0.929	0.896	0.981	0.047
M_{12}：$\gamma_{41}=0$	504.60	239	36.43***	0.929	0.896	0.980	0.048
M_{13}：$\beta_{21}=0$	481.48	239	13.31***	0.932	0.901	0.982	0.046
M_{14}：$\gamma_{12}=0$	953.88	239	485.71***	0.901	0.855	0.946	0.078
M_{15}：$\beta_{15}=0$	496.60	239	28.43***	0.930	0.897	0.980	0.047
M_{16}：$\beta_{23}=0$	472.36	239	4.19**	0.933	0.902	0.982	0.045
M_{17}：$\beta_{45}=0$	482.51	239	14.34***	0.932	0.900	0.981	0.046
M_0：虚无模式	13 444.53	325	12 976.36***	0.120	0.050	0.000	0.287

注：卡方差异（$\Delta\chi^2$）计算以理论模式（$\chi^2=468.17$，$df=238$）为基准

* 表示 $p<0.05$（$\chi^2=3.84$）

** 表示 $p<0.01$（$\chi^2=6.63$）

*** 表示 $p<0.001$（$\chi^2=10.83$）

通过AMOS17.0统计分析，可以获得企业知识集成能力影响因素结构模型中潜在变量之间的关系（图4-14）。表4-31显示了结构模型中各潜在变量之间的标准化路径系数及相应的CR（critical ratio）和 P 值。标准化路径系数值是对假设关系的一个基本验证，用来说明各变量之间的关系是正相关还是负相关以及这种相关关系的程度。标准化路径系数值越大，说明这种作用程度越强烈。CR表示在AMOS中输出路径系数的临界比，CR>1.96，则表示此估计的路径系数在0.05水平上是显著的。P 值是用来说明各个潜在变量之间关系的显著性的，$P<0.10$ 说明假设所描述的变量之间的关系在90%的置信度上显著，即可以说明潜在变量之间的相关性是显著的。

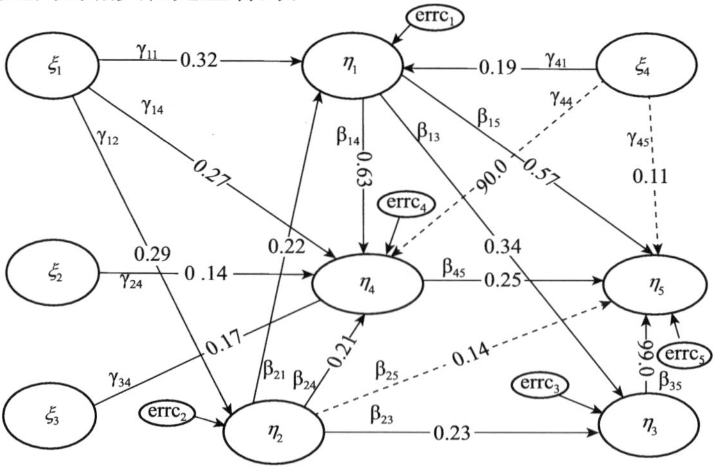

图4-14　企业知识集成能力影响因素结构模型

注：未修正，虚线表示不显著影响

表 4-31 企业知识集成能力影响因素结构模型路径系数及 *P* 值

假 设	路 径	关 系	标准化路径系数	CR	*P* 值
H_1	γ_{14}	$\xi_1 \to \eta_1$	0.267	3.789	0.000
H_2	β_{14}	$\eta_1 \to \eta_4$	0.633	7.716	0.001
H_3	γ_{44}	$\xi_4 \to \eta_4$	0.064	1.292	0.091
H_4	γ_{34}	$\xi_3 \to \eta_4$	0.164	1.998	0.002
H_5	γ_{24}	$\xi_2 \to \eta_4$	0.173	2.237	0.033
H_6	β_{24}	$\eta_2 \to \eta_4$	0.206	3.486	0.000
H_7	β_{15}	$\eta_1 \to \eta_5$	0.565	6.875	0.002
H_8	γ_{45}	$\xi_4 \to \eta_5$	0.106	1.432	0.001
H_9	β_{35}	$\eta_3 \to \eta_5$	0.661	8.136	0.000
H_{10}	β_{25}	$\eta_2 \to \eta_5$	0.141	1.745	0.002
H_{11}	γ_{11}	$\xi_1 \to \eta_1$	0.315	4.296	0.000
H_{12}	γ_{41}	$\xi_4 \to \eta_1$	0.187	2.446	0.000
H_{13}	β_{21}	$\eta_2 \to \eta_1$	0.223	2.400	0.016
H_{14}	γ_{12}	$\xi_1 \to \eta_2$	0.289	3.789	0.000
H_{15}	β_{13}	$\eta_1 \to \eta_3$	0.336	4.824	0.001
H_{16}	β_{23}	$\eta_2 \to \eta_3$	0.234	3.325	0.081
H_{17}	β_{45}	$\eta_4 \to \eta_5$	0.252	3.921	0.000

同理，对于企业知识集成能力影响创新能力的模型采用巢模式法进行结构方程模型的分析。在虚无模式与理论模式间设定 6 个巢模式。模式 M_1 在理论模型基础上仅建设假设内部知识集成到技术创新能力的路径为 0，模式 M_2 在理论模型基础上仅假设内部知识集成到管理创新能力的路径为 0，模式 M_3 在理论模型基础上仅假设外部知识集成到技术创新能力的路径为 0，模式 M_4 在理论模型基础上仅假设外部知识集成到管理创新能力的路径为 0，模式 M_5 在理论模型基础上仅假设内部知识集成到外部知识集成的路径为 0，模式 M_6 在理论模型基础上仅假设技术创新能力到管理创新能力的路径为 0。分析的结果如表 4-32所示。

表 4-32 企业知识集成能力影响创新能力巢模式法比较分析（n=165）

模式	χ^2	df	$\Delta\chi^2$	GFI	AGFI	CFI	RMSR
M_t：理论模式	234.17	118	—	0.945	0.932	0.984	0.054
M_1：$\gamma_{12}=0$	262.34	119	28.17***	0.942	0.929	0.983	0.056
M_2：$\gamma_{13}=0$	258.23	119	24.06***	0.941	0.927	0.983	0.057
M_3：$\beta_{12}=0$	245.97	119	11.80***	0.944	0.932	0.984	0.055
M_4：$\beta_{13}=0$	237.30	119	3.13	0.944	0.931	0.984	0.055
M_5：$\gamma_{11}=0$	242.22	119	8.05**	0.943	0.931	0.984	0.055
M_6：$\beta_{23}=0$	240.30	119	6.13*	0.943	0.930	0.984	0.055

注：卡方差异（$\Delta\chi^2$）计算以理论模式（χ^2=468.17，df=238）为基准

* 表示 $p<0.05$（$\chi^2=3.84$）

** 表示 $p<0.01$（$\chi^2=6.63$）

*** 表示 $p<0.001$（$\chi^2=10.83$）

通过 AMOS17.0 统计分析，可以获得结构模型中潜在变量之间的关系（图 4-15）。表 4-33 显示了结构模型中各潜在变量之间的标准化路径系数及相应的 CR 和 P 值。

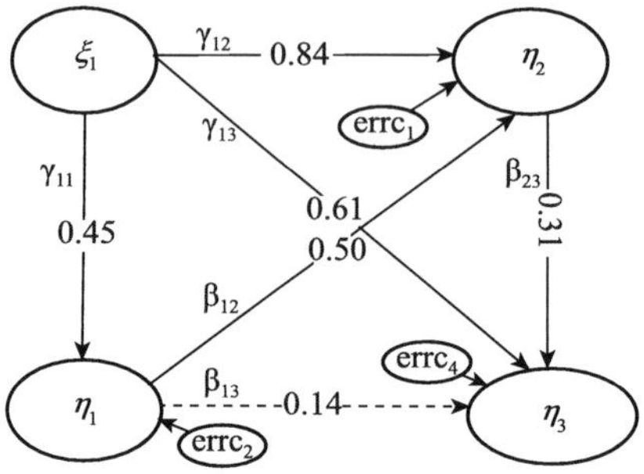

图 4-15 企业知识集成能力影响创新能力结构模型

注：未修正，虚线表示不显著影响

表 4-33 企业知识集成能力影响创新能力结构模型路径系数及 *P* 值

假 设	路 径	关 系	标准化路径系数	CR	P 值
H_1	γ_{12}	$\xi_1 \to \eta_2$	0.84	9.789	0.000
H_2	γ_{13}	$\xi_1 \to \eta_3$	0.61	7.716	0.001
H_3	β_{12}	$\eta_1 \to \eta_2$	0.50	6.292	0.004
H_4	β_{13}	$\eta_1 \to \eta_3$	0.14	1.598	0.032
H_5	γ_{11}	$\xi_1 \to \eta_1$	0.45	4.237	0.003
H_6	β_{23}	$\eta_2 \to \eta_3$	0.31	2.486	0.000

三、结构模式修正

结构模式修正主要是根据实证研究的结果，检验理论模式与实证结论之间的一致性，即理论模式所提出的主要假设关系是否获得模式结果的支持。由表 4-31 可以看出，在企业知识集成能力影响因素研究模式的 17 个假设中，共有 14 个假设（H_1、H_2、H_4、H_5、H_6、H_7、H_9、H_{11}、H_{12}、H_{13}、H_{14}、H_{15}、H_{16}、H_{17}）达到显著水平，接受研究假设，3 个假设（H_3、H_8、H_{10}）没有达到显著水平，即 IT 能力到内部知识集成能力和外部知识集成能力的影响路径不显著，社会资本到外部知识集成能力的影响路径不显著。

综合以上讨论，结构模式仅有 γ_{44}、γ_{45}、β_{23} 未达显著影响，进一步作模式修正，将未达显著影响的路径取消。修正后整体模式重新使用 AMOS 17.0 测试结果。改变的路径系数有 γ_{41} 为 0.22，β_{21} 为 0.26，β_{23} 为 0.35，β_{24} 为 0.46，其余路径系数维持不变。修正后整体模式变量间的关系如图 4-16 所示。修正后整体模式适配度衡量指标测量结果如表 4-34 所示，可以看到 GFI、NFI、CFI、RMSR 等各项衡量指标均达到理想水平。

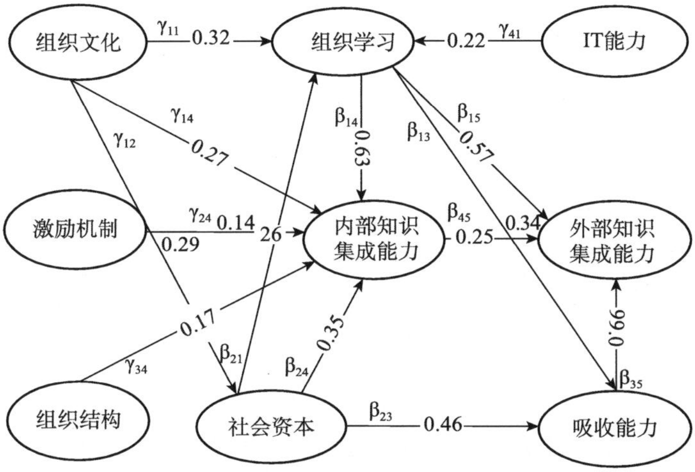

图 4-16 修正后的企业知识集成能力影响因素理论模型

表 4-34 修正后的企业知识集成能力影响因素整体模式适配度衡量指标

项 目	测 值	理 想 值
χ^2	452.831	不显著
df	237	—
χ^2/df	1.911	<3
GFI	0.936	>0.9
RMSR	0.047	<0.05
RMSEA	0.043	<0.08
AGFI	0.905	>0.9
NFI	0.966	>0.9
CFI	0.984	>0.9
PNFI	0.705	>0.5
PCFI	0.717	>0.5

注：RMSR 为残差均方根，PNFI 为简效规范拟合指数，PCFI 为简效比较拟合指数

对于企业知识集成能力影响创新能力研究模式的 6 个假设而言，由表 5-32 可以看出，共有 5 个假设（H_1、H_2、H_3、H_5、H_6）达到显著水平，接受研究假设，假设 H_4 没有达到显著水平，即外部知识集成和管理创新能力的影响路径不显著。结构模式仅有 β_{13} 未达显著影响，进一步作模式修正，将未达显著影响

的路径取消。修正后整体模式重新使用 AMOS 17.0 测试结果。改变的路径系数有 γ_{12}为 0.87，γ_{13}为 0.63，β_{12}为 0.52，其余路径系数维持不变。修正后整体模式变量间的关系如图 4-17 所示。修正后整体模式适配度衡量指标测量结果如表 4-35 所示，可以看到 GFI、NFI、CFI、RMSR 等各项衡量指标均达到理想水平。

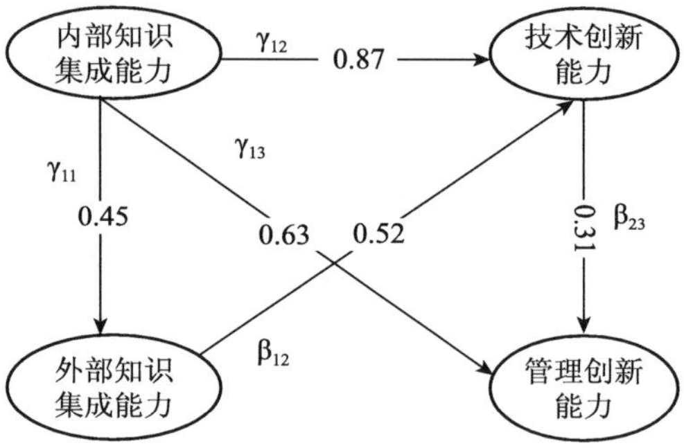

图 4-17 修正后的企业知识集成能力影响创新能力理论模型

表 4-35 修正后的企业知识集成能力影响创新能力整体模式适配度衡量指标

项 目	测 值	理想值
χ^2	226.415	不显著
χ^2/df	1.851	<3
GFI	0.941	>0.9
RMSR	0.045	<0.05
RMSEA	0.041	<0.08
AGFI	0.912	>0.9
NFI	0.958	>0.9
CFI	0.986	>0.9
PNFI	0.715	>0.5
PCFI	0.704	>0.5

第六节 假设检验结果讨论及管理策略和建议

在数据分析的基础上，我们可以获得假设检验的结果，理论模型和研究假设在整体上得到了验证，因此能够对现有的理论研究进行延伸，并且各因素之间的关系也可以用来解释一些现象。以下我们将对假设检验结果中所体现的结构性关系的含义、所说明的问题、假设未通过的原因解释等进行讨论，同时提出相应的管理策略和建议。

一、假设检验结果

表 4-36 和表 4-37 表明了企业知识集成能力影响因素模型和企业知识集成能力影响创新能力模型所提出假设的检验情况，给出了假设的路径系数和显著性，以及假设被支持还是被拒绝的最后结论。

表 4-36　企业知识集成能力影响因素模型假设检验结果表

假　设	路　径	关　系	标准化路径系数	P 值	结　论
H_1	γ_{14}	$\xi_1 \rightarrow \eta_4$	0.267	0.000	支持
H_2	β_{14}	$\eta_1 \rightarrow \eta_4$	0.633	0.001	支持
H_3	γ_{44}	$\xi_4 \rightarrow \eta_4$	0.057	0.091	不支持
H_4	γ_{34}	$\xi_3 \rightarrow \eta_4$	0.164	0.002	支持
H_5	γ_{24}	$\xi_2 \rightarrow \eta_4$	0.173	0.033	支持
H_6	β_{24}	$\eta_2 \rightarrow \eta_4$	0.206	0.000	支持
H_7	β_{15}	$\eta_1 \rightarrow \eta_5$	0.565	0.002	支持
H_8	γ_{45}	$\xi_4 \rightarrow \eta_5$	0.106	0.001	不支持
H_9	β_{35}	$\eta_3 \rightarrow \eta_5$	0.661	0.000	支持
H_{10}	β_{25}	$\eta_2 \rightarrow \eta_5$	0.141	0.002	不支持
H_{11}	γ_{11}	$\xi_1 \rightarrow \eta_1$	0.315	0.000	支持
H_{12}	γ_{41}	$\xi_4 \rightarrow \eta_1$	0.187	0.000	支持
H_{13}	β_{21}	$\eta_2 \rightarrow \eta_1$	0.223	0.016	支持
H_{14}	γ_{12}	$\xi_1 \rightarrow \eta_2$	0.289	0.000	支持
H_{15}	β_{13}	$\eta_1 \rightarrow \eta_3$	0.336	0.001	支持
H_{16}	β_{23}	$\eta_2 \rightarrow \eta_3$	0.234	0.081	支持
H_{17}	β_{45}	$\eta_4 \rightarrow \eta_5$	0.252	0.000	支持

表 4-37　企业知识集成能力影响创新能力模型假设检验结果表

假　设	路　径	关　系	标准化路径系数	P 值	结　论
H_1	γ_{12}	$\xi_1 \rightarrow \eta_2$	0.87	0.000	支持
H_2	γ_{13}	$\xi_1 \rightarrow \eta_3$	0.63	0.001	支持
H_3	β_{12}	$\eta_1 \rightarrow \eta_2$	0.52	0.004	支持
H_4	β_{13}	$\eta_1 \rightarrow \eta_3$	0.14	0.032	不支持
H_5	γ_{11}	$\xi_1 \rightarrow \eta_1$	0.45	0.003	支持
H_6	β_{23}	$\eta_2 \rightarrow \eta_3$	0.31	0.000	支持

注：$P<0.10$ 说明假设所描述的变量之间的关系在 90%的置信度上显著

二、结果讨论

（一）企业知识集成能力影响因素模型

1. 企业内部知识集成能力的影响因素

从假设 H_1、H_2、H_3、H_4、H_5 和 H_6 的验证情况来看，除 H_3 之外，其他假设都得到了验证，和所预期的基本一致，即组织文化、组织学习、社会资本、组织结构和激励机制对企业内部知识集成能力具有比较显著的影响作用。其中，组织学习对知识集成能力的路径系数大于 0.5，表明其影响非常显著。H_3 没有得到验证，即 IT 能力和内部知识集成能力没有呈现预期的正向影响。这可能是由于当前国内的很多企业，尤其是国有企业和中小型企业，虽然在全球信息化浪潮的推动下实施了企业信息化建设，但对 IT 技术的实际应用状况却远未达到理想的状况，甚至 IT 能力尚未形成，这可能影响了假设 H_3 中关系的显著性。

本章证实了组织文化、组织学习、社会资本、组织结构和激励机制是影响企业内部知识集成能力的关键因素。其中，组织学习对内部知识集成能力的影响最大，路径系数为 0.63。组织文化对内部知识集成能力的直接路径系数为 0.27，但除此之外，组织文化还通过影响社会资本和组织学习而间接影响内部知识集成能力。其通过社会资本的间接影响路径 $\xi_1 \rightarrow \eta_2 \rightarrow \eta_4$ 效果值为 0.10，通过组织学习的间接影响路径 $\xi_1 \rightarrow \eta_1 \rightarrow \eta_4$ 效果值为 0.20，因此组织文化对内部知识集成能力总的影响效果值为 0.57。社会资本对内部知识集成能力的直接影响值为 0.35，其通过组织学习的间接影响路径 $\eta_2 \rightarrow \eta_1 \rightarrow \eta_4$ 效果值为 0.16，因此社会资本对内部知识集成能力总的影响效果值为 0.51。激励机制、组织机构都显著地直接影响内部知识集成能力，其路径值分别为 0.14 和 0.17。这与谢洪明等（2008a；2006）、Huang 和 Newell（2006）等的研究结果是一致的，他们的研究结果也证实组织文化、组织学习、内部社会资本与知识集成效果之间存在着显著影响关系。因此，本书的这些研究结果是对以往许多研究观点的实证，同时也进一步从实证研究的角度证实了组织结构、激励机制等对企业内部知识集成能力的影响。

2. 企业外部知识集成能力的影响因素

从假设 H_7、H_8、H_9、H_{10} 和 H_{17} 的验证情况来看，H_7、H_9 和 H_{17} 得到了验证，而 H_8 和 H_{10} 没有通过验证，即组织学习、吸收能力和内部知识集成能力对企业外部知识集成能力具有比较显著的影响作用，而 IT 能力和社会资本对外部知识集成能力没有显著的直接影响关系。但值得注意的是，IT 能力通过组织学习间接影响外部知识集成能力，社会资本通过影响吸收能力和内部知识集成能力而间接影响外部知识集成能力。

本章证实了组织学习、吸收能力和内部知识集成能力是影响企业外部知识集成能力的关键因素。其中，吸收能力对于外部知识集成能力的影响最大，其影响路径系数为0.66。组织学习对外部知识集成能力的直接路径系数为0.57，但除此之外，组织学习还通过影响吸收能力和内部知识集成能力而间接影响外部知识集成能力。其通过吸收能力的间接影响路径 $\eta_1 \rightarrow \eta_3 \rightarrow \eta_5$ 效果值为0.22，通过内部知识集成能力的间接影响路径 $\eta_1 \rightarrow \eta_4 \rightarrow \eta_5$ 效果值为0.16，因此组织学习对外部知识集成能力总的影响效果值为0.95。内部知识集成能力对外部知识集成能力的影响路径系数为0.25。

IT能力对外部知识集成能力的正向影响（假设 H_8）在本章中没有得到证实，这可能与本章所采用的样本有关。本章所选样本中国有企业的数量占42.4%，民营企业数量为30.2%，外资企业（包括独资、合资和合作企业）数量为27.4%。调查数据显示，在企业性质特征变量上，企业的IT能力表现出显著的差异。独资企业的IT能力明显高于其他几类企业，合资、合作企业与大型民营企业的IT能力差异不显著，但明显高于国有企业和中小型民营企业。而本章的样本中国有企业和中小型民营企业比重偏大，这在一定程度上可能影响了该假设的验证效果。

社会资本对外部知识集成能力的正向影响在本章中也没有得到证实。可能的原因是，企业通过其外部社会资本，能够取得企业稀缺资源，但这些资源是静态的，它为企业外部知识集成提供了基础，是企业具备外部知识集成能力的必要条件而非充分条件。当企业不断通过其外部的社会资本从外界吸取宝贵的各种资源及新知识后，企业还需通过其组织文化和内部社会资本在组织内部打造出一个和谐、彼此信任、合作、鼓励创新、鼓励建设性冲突的知识集成环境，使这些资源与知识在和谐、合作的企业文化中得到充分的流通与共享，通过一个复杂的资源整合和组织学习的过程，使企业员工逐渐接受新的知识和思想观念，主动拓展他们的知识基础，并开始有意识或潜意识地以新的方式进行思考，进而改变他们的行为方式。这样才能实现知识转移，把局部的、特定的资源和能力上升到全局的高度，在整个企业的范围内根本性地改变思想观念和运作模式，从而提升企业的知识集成能力。

虽然本章没有证实IT能力和社会资本对外部知识集成能力有显著的直接影响，但IT能力通过组织学习对外部知识集成能力的间接影响路径 $\xi_4 \rightarrow \eta_1 \rightarrow \eta_5$ 效果值为0.13，通过组织学习和内部知识集成影响能力对外部知识集成能力的间接影响路径 $\xi_4 \rightarrow \eta_1 \rightarrow \eta_4 \rightarrow \eta_5$ 效果值为0.03，通过组织学习和吸收能力对外部知识集成能力的间接影响路径 $\xi_4 \rightarrow \eta_1 \rightarrow \eta_3 \rightarrow \eta_5$ 的影响值为0.03。因此，IT能力对外部知识集成能力的总间接影响值为0.19。社会资本通过吸收能力对外部知识集成能力的间接影响路径 $\eta_2 \rightarrow \eta_3 \rightarrow \eta_5$ 效果值为0.30，通过内部知识集成能力对外部知识集成能力的间接影响路径 $\eta_2 \rightarrow \eta_4 \rightarrow \eta_5$ 效果值为0.09，通过组织学习对外部知识集成能力的间接影响路径 $\eta_2 \rightarrow \eta_1 \rightarrow \eta_5$ 效果值为0.15，通过组织学习和内部知识集成能力对外部知识集成能力的间接影响路径 $\eta_2 \rightarrow \eta_1 \rightarrow \eta_4 \rightarrow \eta_5$ 效果值为0.04。因此，社会资本对企业外部知识集成能力的总间接影响值为0.58。

3. 因素之间的相互关系

对于企业知识集成能力影响因素之间的关系而言，本书提出了 $H_{11} \sim H_{16}$ 共6个假设。其中，假设 H_{11}、H_{12} 和 H_{13} 涉及组织文化、社会资本、IT能力与组织学习之间的关系，假设 H_{14} 涉及组织文化与社会资本之间的关系，假设 H_{15} 涉及组织学习与吸收能力之间的关系，假设 H_{16} 涉及社会资本与吸收能力之间的关系。实证研究结果表明，6个假设全部得到了验证。即组织文化、社会资本和IT能力显著影响组织学习，组织文化显著影响社会资本，社会资本和组织学习显著影响吸收能力。这些研究结论与谢洪明（2008a；2006）、谢洪明等（2007）、吴增隆等的实证研究结果是一致的，也在一定程度上从实证研究的角度证实了刘常勇等学者的观点。

企业知识集成能力影响因素之间关系的实证研究结果表明，组织学习和吸收能力作为企业内部知识集成能力和外部知识集成能力的关键影响因素，也是受到企业内部的组织文化、社会资本和IT能力影响的。Baker和Sinkula（2002）认为，组织学习应当包括一整套组织价值观，这些价值观对组织创造和使用知识的倾向产生影响，而组织成员的价值观是受组织文化影响的，组织文化是组织成员价值观、行为模式、思维方式等的集中反映。组织学习的三个核心要素——对学习的承诺、开放的心态及共享的愿景，都是与组织文化密切相关的。组织内部社会资本和外部社会资本通过影响组织内部各部门的沟通和交流及组织外部的知识获取进而影响组织学习的效果。IT能力决定了企业知识集成平台的完善程度，从技术的角度影响企业知识集成能力。因此，企业的组织文化建设、IT能力和社会资本都对组织学习的效果有显著影响。同时，组织文化影响雇员的行为、心智模式和组织氛围，因此它也影响组织的内部社会资本。例如，官僚型文化的企业强调等级差别，使员工之间距离感较强；而支持型文化则强调团队精神和协作，使员工之间容易建立起紧密的联系。因此，这两种组织文化下的内部社会资本有很大差异。最后，企业的外部社会资本、组织学习的机制、学习强度和方法会对吸收能力造成影响，因此提升企业知识吸收能力可以从社会资本和组织学习的角度入手。

（二）企业知识集成能力影响创新能力的模型

从假设 H_1、H_2、H_3、H_4、H_5 和 H_6（假设内容详见第三章第六节）的验证情况来看，除 H_4 之外，其他假设都得到了验证，和所预期的基本一致。即内部知识集成对企业技术创新能力和管理创新能力都具有比较显著的影响作用，外部知识集成显著影响企业技术创新能力，内部知识集成对外部知识集成有正向影响，技术创新能力对管理创新能力有正向影响。H_4 没有得到验证，即外部知识集成和企业管理创新能力没有呈现预期的正向影响。

本章证实了内部知识集成和外部知识集成都显著影响企业技术创新能力。其中，内部知识集成对于技术创新能力和管理创新能力的影响最大，路径系数分别为0.87和0.63。外部知识集成对技术创新能力影响的路径系数为0.52；外部知识集成对管理创新能力的影响作用没有得到证实，但其通过影响技术创新能力而间接影响管理创新能力，影响路径 $\eta_1 \rightarrow \eta_2 \rightarrow \eta_3$ 效果值为0.15。内部知识集成对外部知识集成的影响路径系数为0.45，技术创新能力对管理创新能力的影响路径系数为0.31，两个假设都得到了验证。这与谢洪明等（2007）的研究结果是一致的。因此，本书的这些研究结果是对以往许多研究观点的证实。

本章提出的假设 H_3 没有得到验证，即外部知识集成对管理创新能力没有呈现预期的正向影响。但值得注意的是，外部知识集成通过影响技术创新能力而间接影响管理创新能力。从资源基础的战略观点来看，知识资源整合的目的在于提升企业竞争力和转化成企业具体的创新绩效。创新是一个综合运用知识和创新行动的整合过程，企业吸收的新知识必须通过整合后融入现有知识结构中才能发挥作用。在激烈竞争的产业中，只有通过知识集成才能提高组织学习新知识的速度从而满足技术创新的需求，因此知识集成在企业创新的过程中发挥着关键作用。知识集成就是将个别知识系统化，或是将集合起来的知识内化到组织成员的心智系统中，使不同主体、多种来源和功用的知识相互结合并综合成为组织共享且能加以有效利用的知识，最终使其成为企业创新和竞争优势的基础。企业的知识集成能力越强，采取的知识整合机制越适当，企业的创新绩效就越能得以提升。对企业管理实践而言，必须充分重视组织内部和外部知识的集成、新旧知识的集成，以及组织各部门零散知识的集成。强调引进、吸收企业外部知识固然重要，企业内部和外部知识的集成更加重要，否则，所引进的知识就可能难以发挥作用。企业创新能力的构建是一个长期的知识积累过程，是公司通过重新认识和集成内外部已有的知识，进行再创新的过程。这种过程既包括原始创新，也包括集成创新。通过不断吸取外部营养，并为己所用，才可能形成自己的竞争优势。我国许多企业在引进国外的先进技术，包括产品技术、工艺流程及管理技术等方面花费了大量的精力和财力，但收效甚微。这与企业的知识集成能力有关。如何把从外部获得的知识转化为组织自己的知识，是组织在知识管理过程中非常关注的问题，也是组织构建资源优势，形成核心能力的关键环节（谢洪明等，2007）。为了持续增强创新能力，企业应当重视知识集成能力的培养，在进行知识管理的过程中，应该把知识集成的管理上升到战略层次，建立知识集成的制度安排，使之进入组织的常规管理程序。

三、管理策略和建议

管理策略和建议是在前面假设检验结果及其讨论的基础上进行的，本书的意义和价值在于通过探索企业知识集成能力的影响因素和因素之间的关系，以及知识集成能力对于企业创新能力的影响机理，探寻培养和提升企业知识集成能力的途径和策略。由实证研究的结果可知，内部知识集成能力对企业技术创新能力和管理创新能力都具有比较显著的影响作用，外部知识集成能力显著影响企业技术创新能力，而组织结构、组织文化、激励机制、组织学习、社会资本和吸收能力分别影响企业的内部知识集成能力和外部知识集成能力。因此，要提升企业创新能力，可从企业知识集成能力的几个关键影响因素入手。具体来说，必须加强组织知识基础机制的建设，建立良好的企业环境，主要包括改善组织结构，加强组织成员的互动和沟通，同时建立适宜于知识共享和传播的组织文化，加强企业的内部社会资本，培养和谐的人际关系，增强企业成员的信任程度，促进显性和隐性知识的充分共享和交流；还需要设计良好的激励机制，促进知识在个体、团队和组织之间的转移。提升企业外部知识集成能力则需要提高企业外部社会资本，加强外部学习，增强吸收能力。另外，培育和提升企业 IT 能力，构建企业知识集成平台，积累和完善企业知识库，还需要加强组织学习，建设学习型组织。下面将对企业知识集成能力的提升途径进行详细阐述。

（一）加强组织知识基础设施建设

本书证实了组织文化、组织结构和激励机制对企业知识集成能力有显著影响，企业 IT 能力虽然不直接显著影响知识集成能力，但通过显著影响组织学习而间接影响企业知识集成能力。组织文化、组织结构、信息技术和激励机制构成了组织的知识基础设施（Gold et al.，2001），因此要提升企业知识集成能力，首先要加强组织知识基础设施建设。

1. 创建支持型组织文化

Denison 和 Mishra（1995）认为，组织文化能够帮助企业整合内部的力量与过程并适应不断变化的外部环境，而且组织文化在组织和个人的层面上都与组织的机能相关。Wallach（1983）以组织的气氛、工作环境为基础，将企业文化分成三种类型：官僚型文化、创新型文化、支持型文化。不同的组织文化，使企业对自身的使命、目标和社会责任有不同的定位，使企业对经济环境的变化有不同的认识、理解和反应；不同的组织文化，使企业形成不同的管理哲学、管理理论和管理方法，从而使企业形成不同的知识传递和整合模式，影响组织知识集成能力的提高。从这个意义上说，理清不同类型的组织文化对知识集成能力的影响程度，是提高组织知识集成能力，增强企业竞争优势，使企业长期稳定发展的有力保障。官僚型文化建立在控制和权力的基础上，组织的组织层级结构与权责相当明确，工作内容大多已规范化且标准化，较难有所突破，适应性较弱，发展性也较低。创新型文化适用于外部竞争环境复杂多变、充满风险、不易预测的情况。在这种环境下，充满野心、勇于冒险的企业才较易获得成功。因此，创新型文化鼓励员工的创新和冒险精神，在这种企业文化下的工作较具创造性，但所承担的风险也较高。支持型文化的特点是工作环境开放、和谐、自由，组织中具有高度的支持和信任，重视员工参与和团队精神，在这种企业文化下工作会比较愉快舒适。本书认为，相对于官僚型组织文化和创新型文化，支持型文化更有利于提高企业的知识集成能力。对于企业来讲，个体成员由于认知偏见、思维模式不完善等，识别和使用新知识的能力受到一定程度的限制。企业只有创造良好的环境、建立支持型组织文化，才能使员工之间具有高度的支持和信任，对员工的组织认同和工作投入产生积极影响（何立和凌文辁，2008）；使员工愿意奉献自己的专业知识和创造力，从而形成一种经验分享、共同学习、自由沟通、信赖合作的组织氛围及强大的个人、团队心理压力和驱动力；使个人在知识识别、获取、转换、应用过程中产生心理共鸣，在共享、学习与体会他人的新知识中提升自身的隐性知识，并将自身的隐性知识转变为组织成员间的显性知识；企业作为一个整体扩展知识积累，并由此提升解决问题的能力和创新能力，进而提升企业的知识集成能力。

具体来说，在企业内创建支持型组织文化，首先，必须由企业领导倡导，而且必须得到企业领导的支持，因为企业领导是企业精神的模范实践者，而且文化的界限、基础及重点是由企业领导决定的，企业领导的支持力度是企业文化建设能否达到预期目标的关键。企业各级领导应该改变以往官僚组织结构中自上而下的控制和领导方式，决策权下放，给予员工高度的信任与支持，以及更大的工作自主与自由；重视员工的主动、创新与合作，以及每位员工对组织目标的认同和参与，并强调员工彼此间的沟通与合作，鼓励员工表达对工作及他人的看法，加强口头的、非正式的沟通。其次，企业内部可建立专门的组织文化建设实施机构，协助企业人力资源部门，帮助员工更好地达到文化变更所需达到的目标。实施机构的成员直接对公司的最高领导负责，其重要职责就是确定实施目标，制订实施计划。作为文化变革的大使，在企业中宣传参与、协作、以人为本、相互信任、群体凝聚力及个人成长等企业价值观。通过各种非正式的沟通询问员工的意见和建议，讲授文化变革的过程，鼓励员工共同参与。在收集了广泛的意见后，集合思想进行反复修正、推行，必要时还可对员工进行培训，逐步引导员工到企业文化预期的建设方向上来。最后，企业文化建设是否达到了预期的目标，是否对企业的经营产生了好处，员工的工作态度和工作效率是否提高了等一系列问题都需要进行评估。企业可根据实际情况制定出本公司企业文化评估的相应标准，可以以问卷的形式发到每位员工的手中以最大限度地保证每位员工都能参与。根据评估结果对企业的文化建设工作进行评价、补充和发展，使企业支持型文化的建设日臻完善。

2. 提升企业内部社会资本

本书证实了社会资本对企业内部知识集成能力有显著正向影响。Moran 和 Ghoshal（1996）认为，所有的新资源，包括新知识，都是通过两种途径创造出来的——组合与交换，而这两种活动需要有社会资本的协助（Nahapiet and Ghoshal，1998）。企业的内部社会资本越丰富，越能促进成员之间的交流和沟通，进而正向影响知识集成能力。知识集成最关键的是企业知识系统的整合和优化，而这要求企业之中每一个人都要参与其中，通过知识的共享和交流，对组织知识库进行整合与完善。企业拥有了良好的内部社会资本，就意味着个体之间建立起了信任、合作的关系，每个个体不仅对自己的工作十分了解，同时对自己的工作将对其他人的工作所产生的影响及自己的工作在组织中的功能有充分的了解；组织的管理者对自己的职责及如何实现这些职责有清晰的把握。在这种情况下，各种知识才能够从不同的方向流向共同的目标。拥有不同类型知识的组织个体只有在这样的环境条件下，才能创造出不同于个人的建立在合作基础上的知识。因此，内部社会资本能够帮助企业创造一种新的知识情境，这种知识情境能够协调个人的行为、个性、动机，成为知识增长的源泉，通过知识集成，产生“1+1>2”的效果，使组织成为实现共同目标的实践共同体。

企业内部资本即企业内部的非正式关系，主要由人们之间积极的联系构成，提升企业内部社会资本最重要的工作之一在于对企业的社会网络关系的管理。组织体内在的社会网络和规范可以融合内部行动者，起到成员间和部门间的“黏合”作用（Adler and Kwon，2000）。如果企业成员能够彼此接触、相互联系、交流资源，网络则具有可达性。网络的可达性是产生网络内聚力首要的结构性条件。这种内聚力的结构性条件只靠自身并不足以产生信任，它除了要求行动者必须建构一种持久和相对较强的联结和配置以外，还必须具备的条件就是情感。情感是黏合剂，建立并维持行为主体间的各种联结和配置，以防止网络的过度分散和破裂。"行为主体间的互动越频繁，由这样的互动产生的情感越积极，关系性凝聚力的水平越高，从而便会产生义务性的行为"（Lawler，2001）。张燕和陈维政（2008）提出了企业积累内部社会资本的策略：提供社交空间和社交时间、建立基于人与组织匹配的招聘模式、实施工作轮换计划和培育实践社群。

具体来说，可以通过改良传统办公空间、办好企业大学和提供有利于沟通的社交时间三种方式为员工提供知识分享的时间和空间。传统的办公室设计为员工提供了一个封闭或半封闭的工作空间，虽然能保证员工工作不受干扰，但阻碍了员工之间的交流，造成了员工的孤独感，不利于知识（特别是隐性知识）的分享。通过在企业设立餐厅、休息室、阅览室等员工公共活动空间，可以增强员工之间的非正式交谈和集会，帮助员工增强彼此的了解，有利于产生新奇想法及解决问题。企业大学也是员工建立良好的人际关系的关键场所，当今世界500强公司中有70%建有企业大学。员工在企业大学中所建立的各种跨办公室、跨地区及跨国界的关系能为将来的工作提供诸多便利。另外，过高的员工流动率很难使员工建立起逐渐认知和信任彼此的关系，企业也很难保持其价值理念和行为标准，从而威胁公司的凝聚力及员工的一致性与相互合作，潜在破坏企业内部社会资本。因此，企业在招聘中除了传统的智力和能力选拔，还应更多关注应聘者对企业的忠诚度和稳定性。最后，企业还可以通过工作轮换和建立实践社群提升企业内部社会资本。工作轮换指在组织的不同部门或在某一部门内部调动员工的工作，其优势主要体现在自然而然地建立起社会关系网络，有助于打破部门之间的界限，增进企业或团队内部的沟通与交流，促进思想融合和知识传递，可以使员工从不同的角度加强对公司业务和企业文化的理解，提高整个公司的效率并形成非常强的凝聚力，有利于对社会资本的培育。实践社群是由对某一主题具有共同兴趣的人所构成的高度专业化的非正式组织，强调松散且非正式的社群架构，注重人际关系及社群意识，即人与人之间的互动。实践社群通过频繁、双向的交流和合作所形成的相互信任的社会资本，来创造共同的理解、新的协同作用和创新性理念。在企业内部创建优秀的实践社群，是一种积累企业社会资本，吸引、激励与留住员工的重要方法。

本书也证实了组织文化对社会资本有正向影响。因此，在创建支持型的组织文化过程中，重视企业内部的人际关系，把企业文化作为企业职工感情沟通的纽带，建立企业员工群体共识的价值观，形成信任、协作的组织氛围与团队精神，为职工塑造一种建立在共同价值观、理想信念基础上的行为模式和追求目标，能够形成一种无形的内在凝聚力、群体的向心力和对企业的忠诚，提升企业的内部社会资本。

3. 建设企业知识集成平台

本书证实了IT能力对企业内部和外部知识集成能力没有直接显著影响，但通过组织学习显著影响企业的外部知识集成能力。因此，通过增强企业IT能力，促进组织学习，进而影响知识集成能力，也是企业知识集成能力提升的一个途径。组织领域的学者们普遍认为，灵活型管理肯定将作为未来组织的一个关键能力。在变化迅速的经营环境中，环境的不确定性及模糊性成为企业发展的主要障碍，而信息技术将有助于组织降低经营环境的不确定性和模糊性（任迎伟，2004）。信息技术及在此基础上形成的IT能力是组织知识基础设施建设中一个非常关键的元素。技术手段是加快企业知识转化与高效整合的重要条件，但国内许多企业目前还不完全具备这些条件，这也是导致企业知识整合效率低下的一个重要原因。因此，企业应努力创建自己的系统软件、内部信息网和知识数据库、专利数据库等，以便最大限度地获取、收集、整合知识。组织内部通过知识管理系统、内部沟通平台的建设，可以消除组织不同部门和团队间的沟通障碍，提升企业内部社会资本，有利于企业内拥有不同知识基础的员工协作，有利于员工接近知识和分享知识，还有助于将分散的信息和知识集成起来，促进企业知识库的整合与优化。企业还可以通过客户管理系统和供应链系统等加强与客户和供应商的知识共享和交流，提升企业外部社会资本。就企业实践来说，可以通过建立知识集成平台来实现企业知识集成的技术条件。知识集成平台是基于网络、数据库的一个复杂应用系统，由基础设施、知识仓库、知识地图、知识挖掘、协同工作、知识门户等模块组成（王娟茹和赵嵩正，2004）。知识集成平台的关键技术包括知识提取技术、多级安全认证技术、分布式搜索技术、分类编目技术等。企业在运用这些信息技术时应根据知识的性质采用具体的整合技术。一般说来，数据库和管理信息系统等传统信息技术便于转移明晰的知识，而当整合的对象默会性较强时，传统的信息技术往往很难获得明显的效果，企业需要运用知识地图、论坛、在线视频等更加丰富的信息基础设施，来支持知识交流，使组织成员能够交流隐性知识并建立彼此的信任关系。目前，对显性知识（包括专利、商标、商务计划、市场研究及客户名单等）的集成技术已经比较成熟，但对隐性知识的集成还是个难题。难以显性化的隐性知识部分只能在人员交流和互动中实现知识的扩散。因此，对于这部分隐性知识而言，可以将知识所有者以know-who的形式存储于知识库中，即将知识保留在其原来的地方，知识库中存储的不是知识本身，而是指向知识拥有者的链接。知识需要者可以通过查询相关知识库来了解公司内部谁拥有此领域相关知识，然后直接与其联系。这样就将知识寻找者与最佳的知识源联系起来，通过知识需求者与知识拥有者之间的互动，实现隐性知识在组织内的转移和共享（Gilmour，2003）。

4. 改善组织结构

本书证实了组织结构对企业内部知识集成能力有显著影响。传统的科层制组织结构的企业与具有扁平式、网络式结构的企业在组织内部合作、知识的获取、共享、应用、传递等方面具有明显的差异。扁平式、网络式的结构能使企业管理层次大幅度地减少，授权和分权更为明确，缩短了信息的流程和决策的时间，可以更为快速地对市场做出反应，以应对不断发展变化的外部环境。当代企业发展中面对的是一个快速多变、竞争激烈的环境，产品生命周期短，竞争对手多，对市场需求的反应速度已成为市场竞争的一个主要因素。因此，要提升企业知识集成能力，企业必须改善组织结构，尽可能地实现扁平化、网络化。对于有效的知识管理而言，有两种组织结构得到了广泛的关注和探讨（黄映辉，2004）。Sanchez 和 Mahoney（1996）指出，模块化组织设计与模块化产品设计的结合可以降低合作与适应的成本，从而提高战略柔性。Nonaka 和 Takeuchi（1998）提出了一种新的组织结构——超文本组织。超文本组织结构由一个知识库、一个等级制的业务系统和若干个项目任务制的知识创新团队构成，能够在组织中有效地促进知识创造过程。知识库是超文本组织结构的基础，它汇集了与组织文化相关的模糊知识和以文件系统形式存在的明晰知识，而且实行动态的弃旧纳新，与组织的所有部门与全体成员实时链接。业务系统是超文本组织结构的操作性主体，它以正式的等级制形式完成已确定的工作任务。项目任务制团队是超文本组织结构的知识创新的单元，是若干自行组建的团队，为了共同的愿景，分工协作，一起创造知识。超文本组织结构的知识库、业务系统和知识创新团队相互链接，组织的知识创新过程就成为贯穿其中的知识和信息的动态循环，而组织成员则随着知识创新和知识应用的进程流动到组织的不同部门。知识创新团队的成员是从等级制的业务系统中挑选出来的，他们集中在一起以组织的共同远景规划为基础，在团队成员之间及与其他团队之间的相互作用中参与知识创新活动。与知识创新团队实时链接的知识库会迅速提供团队活动所需要的各种知识，也同样会对团队所创造的新知识成果进行整理分类，将其归入知识库系统。当既定的知识创新任务完成后，知识创新团队就会自行解散，成员回到业务系统的某个部门中，参与知识应用的实际工作，直到再组建另一个新的知识创新团队。超文本组织结构依靠这种组织成员的循环流动来推动知识创新的螺旋式上升。超文本组织结构可以看做正式组织结构与非层级的、自组织的组织结构的结合。企业在提升知识集成的实践中，可以借鉴这些组织模式，也可以通过保留正式的层级结构再添加柔性维度来实现相同的效果。

5. 建立完善的激励机制

本书也证明了组织的激励机制显著影响企业内部知识集成能力。组织的薪酬和激励体系决定了知识的获取和流通通道（Leonard-Barton，1995）。人的知识多以隐性知识存在，但是由于隐性知识自身的特点，企业对它的获取非常困难。从心理学的角度看，拥有知识的人员不仅仅有对成功的需求，还有对声誉与权利的执著追求。于是，隐藏独特的知识并由此处于一个基于特殊专长的垄断地位可以满足他们的这种需求——信息利己主义。这种势利态度常常会阻碍知识在组织中自由和顺畅地流动。因此，知识主体通常具有垄断和独占心理，导致知识难以交流和集成。只有通过有效的激励机制才能提高知识集成的效率（王娟茹和赵嵩正，2004）。企业一方面要为知识分享提供激励手段，另一方面要建立双方共同愿景，淡化员工间个人利益的冲突。激励机制的设计应该激励和奖励员工花时间来创造新知识（如学习）、共享知识，以及帮助团队内部和外部的其他人（Argote and Epple，1990）。知识型企业应重点关注如何充分实现知识的共享，因为只有通过知识的共享，才能最大限度地启发、配合和实现知识创新，并为解决相类似的问题提供知识答案。即尽量增强在组织内部的知识外部性，并通过这种知识的共享或外部性，来提升组织智商，以最快速度实现知识价值化。全新的知识激励方法，既是知识型企业知识价值化所必需的，也是知识型企业能够凝聚知识型员工的制胜法宝（芮明杰和吴光飙，2001）。

知识管理专家 Tampoe（1993）经过大量研究发现激励知识型员工的前四个因素分别为个体成长、工作自主、业务成就、金钱财富。因此，企业除了以薪酬为代表的物质激励方式外，更要考虑在软性激励因素中不断采取新的手段来鼓励知识型员工进行知识共享。首先，企业要创造良好的工作环境，使知识型员工充分感受到企业对人才的重视和关注，给予员工充分的工作自主性，激发员工的创造力和工作热情。其次，在进行绩效考核时可以与知识共享相结合，通过绩效考核的杠杆，促进员工的知识共享行为。例如，中国惠普有限公司每年把员工的业绩评估与知识结合在一起，对于进行知识分享的员工进行格外的加分，并在其员工铭牌上用不同的“星级”表示其对企业的知识贡献；联想控股有限公司为了鼓励员工积极进行知识共享，在管理系统中设置一个知识评估工具，每一条由员工贡献的信息或知识被使用时，使用者都要留下一个评价的分数，在一定阶段将这些分数整理成一个报表，根据每个月或者每周最有价值、最新的知识排名，对那些知识贡献大的员工进行精神和物质两方面的奖励。最后，还可以从情感成就方面进行激励。Barnard（1998）在其“刺激-回报的动态平衡”理论中，特别强调了“等级地位”这一非物质激励因素。地位和荣誉的获得不仅仅是一种刺激，还能鼓励一种责任感和有价值的客观评价，所以激励知识型员工进行共享必须重视在成就感和情感上的激励。例如，通过以知识工作者的名字命名其提供的技术窍门并且载入企业的知识库中等方式，激发员工共享知识的热情（李斐斐，2005）。

（二）培育企业的外部社会资本

本书证实了企业的外部社会资本对外部知识集成能力没有直接显著影响，但通过组织学习和吸收能力显著影响企业的外部知识集成能力，因此要提升企业外部知识集成能力，对外部社会资本的培育和提升也是不可或缺的。

随着经济的全球化与科技的飞跃发展，现代企业所面临的市场环境发生了急剧的变化。一方面企业之间存在着激烈的竞争，另一方面企业之间又存在着广泛的协作。企业处在一个动态竞合的网络之中，只有不断地获得知识资源，才能获得生存和发展。Ahuja 和 Lampert（2001）认为，企业容易陷入三种类型的能力陷阱：熟悉陷阱、成熟陷阱和接近陷阱。熟悉陷阱是指企业过分强调精炼和改进现有知识，而不去探索其他的知识源，从而限制了企业的认知。成熟陷阱是指企业需要可靠的和可预测的结果，从而限制了知识的探索。接近陷阱反映了企业探索与现有知识相近领域知识的倾向，从而排除了对行业突然转变的考察（林向红等，2008）。Papyrakis 和 Gerlagh（2004）认为，从外部获取的知识有利于企业克服能力陷阱，促进自主创新。由此可见，只有源源不断地从外部获取新知识，企业外部知识集成能力才能得以持续。外部知识的获取与传播是企业外部知识集成能力的核心，要实现这一目标，最有效的方式是建立企业与外部的信息网络。信息网络联系越广、越有效，企业就能越多、越好地获取外部知识并在企业内部共享和传播。企业在具体实践中可以通过战略联盟等方式建立与外界的网络关系，从而有效获得外部信息与资源。一般来说，企业战略联盟是指两个或两个以上企业间，或特定的事业与部门间，为了共同的战略目标，通过公司协议或组织形式联结在一起的联合体。它针对选定的项目，按照优势相长的原则，共享各自价值链上的战略环节，集中优势整合经营资源和能力，强化彼此的薄弱环节，拓展了单体企业的边界，是两个或两个以上企业的内部化“共生”（张树义等，2006；Mullen，1997）。联盟关系对于企业竞争力的提高，越来越受到学术界与实务界的重视。联盟成员有着相同的经营目标，彼此可互享资源与咨询，达到互补效果，因此可以共生共荣，缔造多赢的合作优势。国际汽车制造业中 GM（通用汽车）、福特、丰田等竞争对手间的联盟，计算机行业中戴尔、康柏、网景和微软公司之间的合作等就是战略联盟的典型案例，在现实经济中产生了很大的影响力（Dussauge and Garrette，1999）。战略联盟作为企业组织关系的创新，已成为现代企业强化竞争优势的重要途径。

除此之外，企业还可以通过与政府和金融机构的联系得到政策和资金的支持，也可以从大学、科研机构取得技术上的合作，获得人才、技术、信息，更重要的是新的知识（包括显性知识和隐性知识），同时与纵向部门（如销售商和供应商）的联系及与横向部门（竞争对手）的联系也能给企业带来宝贵的信息资源，甚至是技术、知识资源，这些稀缺资源均对企业的知识集成能力起到关键的制约作用。

企业在实践中提升外部社会资本，除了通过战略联盟等完善企业知识网络外，还要建立企业之间的信任机制。由于各企业的背景存在着较大的差异，相互之间经常无法达到完全的信任程度，这就给知识的交流和传播带来障碍。建立信任机制的目的就是在一定的机制保证环境下，使企业一方面要保持自己的核心知识，保证企业的竞争优势；同时也要参与联盟成员间的知识共享与交流，在交流与共享知识的同时使自身获得新的知识，不断丰富自身的知识库。最后，还要加强协调能力，即建立和增强企业间和企业内部知识共享及转移的管理机制。具体可以通过合作双方在联盟中建立知识交流协调机制，如通过相互参观、开会、书信、电话交流等增加交流机会，合作双方的高层经常沟通，合作双方的员工之间频繁交流，企业对每个参与合作的员工都设定学习目标、任务和责任，尽力搭建学习平台（如建立合作论坛或学习社区）和营造学习氛围等方式，促进合作内部知识共享和伙伴之间的互动学习与交流融合。

（三）创建学习型组织

本书证实了组织学习对企业内部知识集成能力和外部知识集成能力都有非常显著的影响。Kogut 和 Zander（1992）认为，知识集成能力来自组织内部学习与外部学习。所谓内部学习，是指重整、建构组织内现有知识，而外部学习则是指组织从与其他组织合作形成的社会网络（该社会网络建立在共享的信任和规范上）中有效地接受可靠的知识和信息。组织学习是知识集成的前提和基础，它为知识集成提供基本的组分知识。通过组织学习还可加强员工之间的交流，从而促进组织内部知识，特别是隐性知识的转移和共享。组织学习可以不断获取个人知识和其他组分知识，使企业的结构性知识不断更新。赵修卫（2003）认为，组织学习过程本身就包含了知识集成。组织学习中强调知识集成，就是要在组织学习目的的引导下，将组织学习及知识从混乱无序的状态转化为有序，进而一体化为企业的整体知识与能力。因此，组织学习的过程就是知识集成的过程，知识集成能力是在组织学习中形成的。另外，企业知识集成能力本质上是一种动态能力。Zollo 和 Winter（1999）从组织知识的演化角度将企业的动态能力定义为“一种集体的学习方式，通过动态能力，企业能够系统地产生和修改其经营性惯例，从而提高企业的效率”。企业改变能力的过程就是企业追寻新知识的过程，改变能力的结果是企业建立了一套新的知识结构。因此，无论是从知识来源分析，还是从学习过程上看，企业的知识集成能力在本质上必然伴随着显著的学习特性。提升企业知识集成能力的一个重要途径就是加强组织学习，建立学习型组织。

对于学习型组织的概念而言，学术界还没有统一的认识。Senge（1990）认为，学习型组织是能够持续地拓展自己的适应性和生产性学习能力的组织，也是能够融为一体地开展运作的组织，在这样的组织里，成员们能够跨越传统界限而通力合作以完成创新性的任务。McGill 等（1992）认为，学习型组织是能够通过改变信息处理和评估的规划、方式来适应新的信息要求的团队。Garvin（1993）把学习型组织定义为“有效地创造、获取和转化知识，并根据新知识和新理念有效调整自身行为的组织”。Watkins 和 Marsick（2003）认为，学习型组织是以全体成员的参与为特征的，以实现共享的价值观和原则而协调行动并集体担负责任的组织，并强调一个学习型组织会不断地学习并能持续地进行自我变革。Confessore 和 Kops（1998）认为，学习型组织实际上是一种组织氛围，它能使组织学习得以发生，从而使个人学习、团队作业、部门合作、创新及知识传递具有一个集体的灵魂。还有些学者把学习型组织看成是一系列促成组织学习的战略和战术（王晓晖，2007）。陈国权（2002）认为，学习型组织是指能够有意识、系统和持续地通过不断创造、积累和利用知识资源，努力改变或重新设计自身以适应不断变化的内外环境，从而保持可持续竞争优势的组织。仇明（2002）认为，学习型组织是能对相互依赖并且不断变化的世界做出有效反应的组织，是一个具有不断适应与变革能力的组织。由以上研究可以看出，学者们大都强调学习型组织的共同学习、自我变革、适应环境的特性，而这些特性与知识集成能力的特性是一致的，因此创建学习型组织是提升企业知识集成能力的重要途径。

Senge（1990）在他的《第五项修炼——学习型组织的艺术与务实》一书里，详细地描述了组织和个人如何通过五项基本修炼来构建一个学习型组织。这五项修炼是：自我超越，改善心智模式，建立共同愿景，团体学习和系统思考。本书认为，在企业实践中要建立学习型组织，首先，要求组织管理者思想开放，敢于突破固有的思维模式，在解决问题和人事工作时，摒弃旧的思维方式和常规程序，把管理模式由控制转为支持，由监督转为激励，由命令转为指导，向组织成员灌输一个共同的组织愿景和奋斗目标，自上而下形成一种共同学习的宽松环境。其次，组织中应该强调成员的协作、合作和信息的共享，而不是竞争。组织的每一位员工都将学习看做必需的，将贡献知识与人共享作为一种自然的行为，能够坦率地相互沟通，并自然地与组织内外的人员形成知识网络团队，对所有的组织过程、活动、功能与环境的相互作用进行思考，为实现组织的共同构想一起工作。最后，组织要开展经常性的培训及团队学习活动，把团队学习、知识共享、提高员工的素质作为组织的一项重要职能和目标，把学习内化为组织的日常行为，溶入组织的血液之中。用主动学习、自觉学习代替被动学习，制度性学习、系统化学习代替零星式学习，不断实现员工和企业内在素质的提高，从根本上改变企业的状况和处境，提升企业竞争力。

参 考 文 献

艾拉·玛珊.1987. 企业创新之路. 吕佩英等译. 太原：山西人民出版社.

艾米顿.1998. 知识经济的创新战略——智慧的觉醒. 金周英等译. 北京：新华出版社.

边燕杰，丘海雄.2000. 企业的社会资本及其功效. 中国社会科学，(2)：87-99.

蔡启通.2001. 组织因素、组织成员整体创造性与组织创新之关系. 管理学报，18 (4)：527-566.

曹崇延，王淮学.1998. 企业技术创新能力评价指标体系研究. 预测，(2)：32-37.

陈福添.2006. 知识集成研究：一种基于资源与能力的动态分析框架. 财贸研究，(4)：90-95.

陈国权.2002. 学习型组织的过程模型、本质特征和设计原则. 中国管理科学，(4)：87-95.

陈劲.2001. 永续发展——企业技术创新透析. 北京：科学出版社.

陈劲.2002. 集成创新的理论模式. 中国软科学，12：23-29.

陈劲，李飞宇.2001. 社会资本：对技术创新的社会学诠释. 科学学研究，(3)：102- 107.

陈菊红，王能明，杨彤.2002. 供应链中的知识管理. 科研管理，23 (1)：98-101.

陈力，鲁若愚.2003. 企业知识整合研究. 科研管理，24 (3)：32-38.

陈力，宣国良.2005. 后发企业的知识整合能力提升研究. 情报科学，23 (12)：1892-1898.

陈衍泰.2007. 企业利用外部知识能力与企业绩效的关系研究. 复旦大学博士学位论文.

董俊武，黄江圳，陈震红.2004. 动态能力演化的知识模型与一个中国企业的案例分析. 管理世界，4：117-128.

方世杰，林丽娟，郑仲与.2001. 合作研发之组织学习与绩效的研究——以参与工研院科技专案之厂商为例. 科技管理学刊，5 (3)：105-133.

房春红.2008. 高新技术企业持续创新能力管理研究. 大连理工大学硕士学位论文.

傅家骥.1992. 技术创新——中国企业发展之路. 北京：企业管理出版社.

傅家骥.1998. 技术创新学. 北京：清华大学出版社.

傅湘玲，赖茂生.2004. 企业知识管理集成的研究. 情报学报，23 (3)：259-264.

甘露，曾德明.2006. 高新技术企业虚拟 R&D 团队的知识整合机制研究. 财经理论与实践，27 (143)：108-111.

高巍，田也壮，姜振寰.2004. 企业知识整合研究现状与分析. 研究与发展管理，16 (5)：33-39.

高巍，王恒山，王楠.2007. 基于知识整合的企业产品创新研究. 哈尔滨工业大学学报（社会科学版），9 (5)：137-140.

郜振廷.1995. 企业创新策划新思维. 北京：中国经济出版社.

顾国祥，李元旭.1993. 中国国有企业技术创新的能力分析. 财经研究，8：18-23.

关士续．1999. 从信息过程的观点研究技术创新．自然辩证法研究，15（3）：32-36.
郭斌，蔡宁．1998. 从“科学范式”到“创新范式”：对范式范畴演进的评述．自然辩证法研究，（3）：8-12.
郭志刚．1998. 社会统计分析方法——SPSS软件应用．北京：中国人民大学出版社．
郭志文．1999. 90年代美国大企业的组织变革及其启示．经济师，（11）：14，15.
韩维贺，季绍波．2006. 知识创造过程效果的实证研究——个人和团队层面．清华大学学报（自然科学版），（S1）：942-948.
何立，凌文辁．2008. 企业不同类型组织文化对员工组织认同与工作投入的影响作用研究．科学学与科学技术管理，（10）：139-143.
赫塞尔本等．1998. 未来的组织．胡苏云，储开方译．成都：四川人民出版社．
侯杰泰，温忠麟，成子娟．2004. 结构方程模型及其应用．北京：教育科学出版社．
侯先荣，吴奕湖．2003. 企业创新管理理论与实践．北京：电子工业出版社．
黄芳铭．2003. 结构方程模式：理论与应用．北京：中国税务出版社．
黄健．2003. 造就组织学习力．上海：上海三联书店．
黄立军．2002. 企业知识管理理论与方法．厦门：厦门大学出版社．
黄培伦，吴江秋．2007. 社会资本视角下的知识型企业组织能力研究．科技进步与对策，24（4）：108-110.
黄野．1999. 虚拟公司．广州：广东经济出版社．
黄映辉．2004. 学习型组织：知识创新的超文本结构．生产力研究，（1）：151-152，165.
纪姗姗．2009. 管理创新对战略转换速度与幅度影响的实证研究．哈尔滨工业大学硕士学位论文．
贾蔚文．1999. 关于国家创新系统的几个问题．中国软科学，（2）：50-52.
简俊成．2003. 外部知识转移过程——合作关系与吸收潜力角色之研究．台湾中正大学企业管理研究所博士学位论文．
简兆权，占孙福．2009. 吸收能力、知识整合与组织知识及技术转移绩效的关系研究．科学学与科学技术管理，（6）：81-86.
姜少敏．2001. 企业创新经营．北京：企业管理出版社．
蒋峦，谢卫红，蓝海林．2005. 企业竞争优势理论综述．软科学，4：14-18.
卡尔特霍夫·奥托．1999. 光与影——企业创新．上海．上海交通大学出版社．
李宝山，刘志伟．1998. 集成管理——高科技时代的管理创新．北京：中国人民大学出版社．
李斐斐．2005. 激励员工进行知识共享．中国人力资源开发，（12）：76-79.
李纲，田鑫．2007. 企业文化与企业内部隐性知识转移的关系研究．情报杂志，（2）：4-6.
李怀祖．2004. 管理研究方法论．2版．西安：西安交通大学出版社．
李牧原．2004. 知识基础的企业创新模型．兰州学刊，（1）：89，90.
李毅然，熊阳武．2001. 知识管理、激励与组织学习．南开管理评论，（3）：33-35.
励凌峰，黄培清．2005. 并购中供应链之间的知识整合．情报科学，23（7）：970-973.
林山，黄培伦．2007. 组织结构特性与组织知识创新间关系的实证研究框架．科学学与科学技术管理，（7）：22-27.
林向红，王龙伟，陈浩然．2008. 企业家导向、外部知识获取与自主创新关系研究——基于两种技术差异情景的比较分析．科学学与科学技术管理，10：64-67，133.

刘常勇，谢洪明 . 2003. 企业知识吸收能力的主要影响因素 . 科学学研究，21（3）：307-310.
刘徽，葛汝刚 . 2006. 供应链管理中的知识整合与知识共享 . 科技与经济，21：52-55.
刘俊成 . 2003. 企业创新理念 . 北京：中国广播电视出版社 .
罗崇敏 . 2002. 论企业创新 . 北京：经济日报出版社 .
马刚 . 2006. 企业竞争优势的内涵界定及其相关理论评述 . 经济评论，1：113-121.
毛武兴 . 2006. 企业全面创新管理能力研究 . 浙江大学博士学位论文 .
裴学敏，陈金贤 . 1999. 知识资产对合作创新过程的影响分析 . 陕西师范大学学报，28（1）：49-54.
彭赓，李敏强，寇纪淞 . 1999. 组织学习与学习型组织研究 . 中国软科学，(12)：117-120.
钱德勒・D. 艾尔弗雷德 . 2002. 战略与结构 . 孟昕译 . 昆明：云南人民出版社 .
仇明 . 2002. 学习型组织及其创建途径探讨 . 中国软科学，(1)：117-120.
任迎伟 . 2004. 组织学习能力及信息技术能力对中小企业业绩的影响分析 . 软科学，18（3）：94-96.
芮明杰，吴光飙 . 2001. 全员激励盟约：一个适用于知识型企业的缔约规制 . 复旦学报（自然科学版），40（2）：134-137.
芮明杰 . 1997. 管理创新 . 上海：上海译文出版社 .
单伟，张庆普 . 2008. 企业自主创新中知识整合机理与模式研究 . 预测，27（1）：23-28.
沈群红，封凯栋 . 2002. 组织能力、制度环境与知识集成模式的选择 . 中国软科学，(12)：81-87.
史宪睿，林莉 . 2005. 知识集成与企业技术创新能力 . 科技管理研究，(8)：70-72.
斯蒂芬・P. 罗宾斯 . 1984. 管理学 . 黄卫伟等译 . 北京：中国人民大学出版社 .
宋养琰 . 2002. 企业创新论 . 上海：上海财经大学出版社 .
苏国桢，陈荣德 . 2003. 服务业主管领导行为、组织文化和领导效能之研究 . 人力资源管理学报，3（4）：65-91.
孙红萍，王静一 . 2009. 社会资本和知识共享意向的作用机制：基于知识密集型企业的实证研究 . 科技进步与对策，26（1）：138-142.
孙逦 . 2006. 工程咨询业知识服务创新多层整合 . 中国工程咨询，(2)：9-11.
孙永风，李垣 . 2005. 基于组织内部沟通与整合能力的内外部知识整合与创新 . 中国优选法统筹法与经济数学研究会第七届全国会员代表大会暨第七届中国管理科学学术年会 .
谭滔 . 2007. 动态能力视角下 IT 能力对企业持续竞争优势的作用机理研究 . 中南大学硕士学位论文 .
谭新生 . 2003. 组织能力观与传统资源观的比较分析——对持续竞争优势的新阐释 . 外国经济与管理，25（8）：22-26，32.
唐方成，席酉民 . 2006. 知识转移与网络组织的动力学行为模式（Ⅱ）：吸收能力与释放能力. 系统工程理论与实践，9：83-89.
王大洲 . 2001. 企业技术创新过程中对知识的运用：中西比较与启示 . 科学管理研究，19（4）：1- 4.
王芳，欧光军，侯宇 . 2007. 面向自主创新的知识集成管理研究 . 科技管理研究，(9)：7-9.
王红霞 . 2006. 面向项目管理的知识集成模型研究 . 情报杂志，(7)：39-42.

王建，王海山．2000. 企业创新的理论与实务．北京：新华出版社．

王娟茹，杨瑾．2005. 知识集成能力及其构成因素实证分析．科学学与科学技术管理，(11)：97-101.

王娟茹，杨瑾．2009. 基于模糊 TOPSIS 的复杂产品研发团队知识集成能力评价．科学学与科学技术管理，(10)：187-190.

王娟茹，赵嵩正．2004. 面向项目管理的知识集成模型和机制．科学学与科学技术管理，(1)：81-84.

王晓晖．2007. 学习型组织文化的差异与影响研究——基于广东地区国有企业和民营企业样本相比较的实证分析．管理世界，(11)：76-86.

王晓耘，江贺涛，梁玲夫．2007. 软件企业显性知识整合的实证研究．情报杂志，(6)：45-47.

王艳．2003. 知识管理与企业竞争优势构建．广西社会科学，8：78-80.

汪应洛．1990. 充分发挥大学在技术创新中的作用．中国科技论坛，(4)：14-16.

韦影．2007. 企业社会资本的测量研究．科学学研究，25 (3)：518-522.

魏江．2002. 企业技术能力论——技术创新的一个新视角．北京：科学出版社．

魏江，许庆瑞．1995. 企业创新能力的概念、结构、度量与评价．科学管理研究，13 (5)：50-55.

温瑞珺．2005. 浙江省企业自主创新能力评价研究．浙江工业大学硕士学位论文．

吴伯翔，阎海峰，关涛．2007. 本土企业吸收能力影响因素的实证研究．科技进步与对策，24 (8)：110-113.

吴京芳．2001. 西方企业组织变革趋势．企业活力，6：60，61.

吴培良，郑明身，王凤彬．1998. 组织理论与设计．北京：中国人民大学出版社．

吴若君．1997. 网路事业知识整合与创新类型关联之研究．台湾政治大学科技管理研究所硕士学位论文．

吴晓波，黄娟，郑素丽．2005. 从技术差距、吸收能力看 FDI 与中国的技术追赶．科学学研究，3：347-351.

吴亚玲．2007. 全球制造网络中企业 IT 能力对知识获取的影响研究．浙江大学硕士学位论文．

谢荷锋，马庆国．2008. 员工知识分享行为激励中的“挤出效应”实证研究．软科学，22 (11)：5-9.

谢洪明，葛志良，王成．2008a. 社会资本、企业文化、知识整合与核心能力：机制与路径——华南地区企业的实证研究．研究与发展管理，20 (2)：71-80.

谢洪明，王成，罗惠玲，等．2007. 学习、知识整合与创新的关系研究．南开管理评论，10 (2)：105-112.

谢洪明，王成，王琪．2006. 知识整合：内部社会资本和组织文化作用——华南地区企业的实证研究．科学管理研究，24 (4)：66-71.

谢洪明，吴隆增．2006. 技术知识特性、知识整合能力和效果的关系——一个新的理论框架．科学管理研究，24 (2)：55-59.

谢洪明，吴溯，王现彪．2008b. 知识整合能力、效果与技术创新．科学学与科学技术管理，(8)：88-93.

徐传期．2006. 技术学习与技术创新能力之研究——整合性理论观点．铭传大学硕士学位论文．

徐杰，王智源，彭小宝．2004. 我国自主创新中知识集成能力提升问题探讨．科技管理研究，(9)：1，2，8.
徐笑君．2006. 组织智力资本增长过程研究——以突变型组织智力资本增长为例．研究与发展管理，18 (2)：64-70.
杨瑾，蔡依平．2006. 面向供应链流程管理的知识整合研究．现代管理科学，(1)：53，54.
张方华，林仁方，陈劲．2003. 企业的社会资本与隐性知识．研究与发展管理，15 (6)：67-72.
张方华．2005. 知识型企业的社会资本与技术创新绩效研究．浙江大学博士学位论文．
张钢．1999. 企业组织创新过程中的学习机制及知识管理．科研管理，20 (3)：40- 45.
张钢．2001. 知识的情境化、创新型文化与创新管理．自然辩证法研究，17 (增刊)：78-84，105.
张鹤达．2008. 基于资源观的 IT 能力对企业绩效的影响机制研究．吉林大学博士学位论文．
张洪潮，王晓雅．2007. 知识经济时代基于企业核心竞争力的企业文化变革方向．生产力研究，(14)：126-128.
张凯均．1998. 集团企业跨业多角化与知识管理关联之研究．台湾政治大学科技管理研究所硕士学位论文．
张其仔．1999. 社会资本论——社会资本与经济增长．北京：社会科学文献出版社．
张睿．2008. 企业市场知识能力对组织绩效的影响作用研究．大连理工大学博士学位论文．
张树义，雷星晖，李晓龙．2006. 企业战略联盟的演进路径及其对我国企业的启示．管理评论，18 (8)：33-39.
张嵩，黄立平．2003. 基于资源观的企业信息技术能力分析．同济大学学报 (社会科学版)，14 (4)：52-56.
张新香．2008. 企业知识管理能力的模糊综合评价．科学学与科学技术管理，3：108-112.
张燕，陈维政．2008. 企业如何积累内部社会资本．中国人力资源开发，2 (18)：33-35.
张样．2007. 组织学习导向、信息技术能力及其与企业绩效关系研究．浙江大学硕士学位论文．
章威．2009. 基于知识的企业动态能力研究：嵌入性前因及创新绩效结果．浙江大学博士学位论文．
赵宝天，李成标．2006. 知识集成：产品创新的新模式．长江大学学报 (社会科学版)，29 (3)：100-102.
赵光．2008. 基于集群的高技术企业创新能力研究．北方工业大学硕士学位论文．
赵兰香，张琳，万劲波．2008. 组织结构与知识转化的作用机制研究．科学学与科学技术管理，(11)：102-106.
赵嵩正，王娟茹．2007. 企业知识集成能力模糊综合评价．情报杂志，(12)：2- 4.
赵修卫．2003. 组织学习与知识整合．科研管理，24 (3)：52-57.
郑景华，汤宗益．2004. 知识整合能力模式之研究．Journal of Information，Technology and Society，(1)：19- 44.
周建其．2006. 竞争性战略联盟中知识整合能力与价值创造关系的实证研究．重庆大学硕士学位论文．

周晓．2007. 社会资本和知识资本对技术创新的作用研究．哈尔滨工业大学学报（社会科学版），9（2）：87-90.

周晓东，项保华．2003. 什么是企业竞争优势？科学学与科学技术管理，6：104-107.

朱亚明．2005. 社会资本对技术型中小企业中知识管理行为的影响研究．浙江大学硕士学位论文．

左美云．2002. 企业信息管理：强化 IT 项目管理实现企业知识基于知识管理提升企业创新能力研究管理．北京：中国物价出版社．

Abramovitz M. 1986. Catching up，forging ahead，and falling behind. Journal of Economic History，46（2）：385-406.

Adler P S，Kwon S. 2000. Social capital：the good，the bad，and the ugly//Lesser E. Knowledge and Social Capital：Foundations and Application. Boston：Butterworth-Heinemann.

Ahuja G，Lampert C M. 2001. Entrepreneurship in the large corporation：a longitudinal study of how established firms create breakthrough inventions. Strategic Management Journal，22（6/7）（SI）：521-543.

Alavi M. 2000. Organizational knowledge management//Zumund R W. Framing the Domains of IT Management Research：Glimpsing the Future through the Past. Cincinnati：Pinneflex Educational Resources.

Alavi M，Leidner D. 2001. Knowledge management and knowledge management systems：conceptual foundations and researeh issues. MlS Quarterly，25（1）：107-136.

Aldrich H E，Pfeffer J. 1976. Environments of organizations. Annual Review of Sociology，2：79-105.

Allen T J. 1977. Managing the Flow of Technology：Technology Transfer and the Dissemination of Technological Information within the R&D Organization. Cambridge：MIT Press.

Amit R S，Paul J H. 1993. Strategic assets and organizational rent. Strategic Management Journal，14：33- 46.

Anderson J C，Gerbing D W. 1988. Structural equation modeling in practice：a review and recommended two-step approach. Psychological Bulletin，103（3）：411- 423.

Ansoff H I，McDonnell E J. 1990. Implanting Strategic Management. New York：Prentice Hall.

Argote L，Epple D. 1990. Learning curves in manufacturing. Science，247（23）：920-924.

Argote L. 1999. Organizational Learning：Creating，Retaining，and Transferring Knowledge. Norwell：Kluwer Academic Publishers.

Argyris C，Schön D A. 1978. Organizational Learning：A Theory of Action Perspective. Reading，Mass：Addison-Wesley.

Atuahene-Gima K，Murray J Y. 2007. Exploratory and exploitative learning in new product development：a social capital perspective on new technology ventures in China. Journal of International Marketing，15（2）：1-29.

Babbie E R. 2000. The Practice of Social Research with Infotrak. San Francisco：Wadsworth Publishing Company.

Badii A, Sharif A. 2003. Information management and knowledge integratio for enterprise innovation. Logistics Information Management, 16 (2): 145-155.

Bagozzi R P, Yi Y. 1988. On the evaluation of structural equation models. Journal of Marketing Science, 16 (1): 74-94.

Bain J S. 1959. Industrial Organization. New York: John Wiley.

Baker W E, Sinkula J M. 1999. The synergistic effect of market orientation and learning orientation on organizational performance. Journal of the Academy of Marketing Science, 27 (4): 411-428.

Baker W E, Sinkula J M. 2002. Market orientation, learning orientation and product innovation: delving into the organization's black box. Journal of Market-Focused Management, (5): 5-23.

Barnard J. 1998. What works in rewarding problem-solving teams? Compensation and Benefits Management, 14 (1): 55-58.

Barney J. 1991. Firm resources and sustained competitive advantage. Journal of Management, 17 (1):99-120.

Beckman T. 1999. The Current State of Knowledge Management. Boca Raton: CRC Press.

Benghozi P J. 1990. Managing innovation: from ad hoc to Routine in French Telecom. Organization Studies, 11 (4): 531-554.

Bergman E M, Feser E J. 2001. Innovation system effects on technological adoption in a regional value chain. European Planning Studies, 9 (5): 629-648.

Bharadwaj A S. 2000. A resource-based perspective on information technology capability and firm performance: an empirical investigation. MIS Quarterly, 24 (1): 169-196.

Bierly P E, Chakrabarti A K. 1996. Technological learning, strategic flexibility, and new product development in the pharmaceutical industry. IEEE Transactions on Engineering Management, 43 (4): 368-380.

Bierly P E, Hamalainen T. 1995. Organizational learning and strategy. Scandinavian Journal of Management, 11 (3): 209-224.

Bock G, Kim Y. 2002. Breaking the myths of rewards: an exploratory study of attitudes about knowledge sharing. Information Resources Management Journal, 15 (2): 14-21.

Bock G, Zmud R, Kim Y, et al. 2005. Behavioral intention formation in knowledge sharing: examining the roles of extrinsic motivations, social-psychological forces, and organizational climate. MIS Quarterly, 29 (1): 87-111.

Bogenrieder I. 2002. Social architecture as a prerequisite for organizational learning. Management Learning, 33 (2): 197-212.

Bosch F V D, et al. 1999. Coevolution of firm absorptive capacity and knowledge environment organizational forms and combinative capabilities. Organization Science, 10 (5): 551-568.

Bourdieu P. 1985. The forms of capital//Richardson, J G. Handbook of Theory and Research for the Sociology of Education. New Work: Greenwood Press: 241-258.

Bouty I. 2000. Interpersonal and interaction influences on informal resource exchanges between

R&D and researcher across organizational boundaries. Academy of Management Journal，43 (1)：50-65.

Burgelman R A，Christensen C M. 1996. Strategic Management of Technology and Innovation. New York：McGraw Hill Higher Education.

Carayannis E G. 1998. The strategic management of Technological Learning：Transitional Decision making framework and their empirical effectiveness. Boca Raton：CRC Press.

Carneiro A. 2001. The role of intelligent resources in knowledge management. Journal of Knowledge Management，5 (4)：358-367.

Cattell R B. 1966. The scree test for the number of factors. Multivariate Behavioral Research，1 (2)：245-276.

Chacke G K. 1988. Technology Management-application on Corporate Market and Military Mission. New York：Praeger.

Chamberlin E. 1939. The Theory of Monopolistic Competition. Cambridge：Harvard University Press.

Chandler A D. 1990. Scale and Scope. Cambridge：The Belknap Press of Harvard University Press.

Chou C. 2003. Interactivity and interactive functions in web-based learning systems：a technical framework for designers. British Journal of Educational Technology，34 (3)：265-279.

Chou S-W. 2003. Computer systems to facilitating organizational learning：IT and organizational context. Expert Systems Application，24 (3)：273-280.

Churchill G A. 1979. A paradigm for developing better measures of marketing constructs. Journal of Marketing Research，16 (2)：64-73.

Cohen W M，Levinthal D A. 1990. Absorptive capacity：a new perspective on learning and innovation. Administrative Science Quarterly，(35)：128-179.

Coleman J S. 1988. Social capital in the creation of human capital. American Journey of Sociology，(S94)：S95-S120.

Collis D J，Montgomery C A. 1998. Creating corporate advantage. Harvard Business Review，76 (3)：70-83.

Confessore S J，Kops W J. 1998. Self-directed learning and the learning organization：examining the connection between the individual and the learning environment. Human Resource Development Quarterly，9 (4)：365-375.

Conner K R，Prahalad C K. 1996. A resource-based theory of the firm：knowledge versus opportunism. Organization Science，7 (5)：477-501.

Crocker L，Algina J. 1986. Introduction to Classical and Modern Test Theory. New York：Harcourt Brace Jovanovich College Publishers.

Daft R L，Lewin A Y. 1993. Where are the theories for the "new" organizational forms? Essay. Organization Science，4 (4)：i-vi.

Damanpour F. 1991. Organizational innovation：a meta-analysis of effects of determinants and moderators. Academy of Management Journal，34 (3)：555-590.

Davenport T H, Prusak L. 2000. Working Knowledge: How Organizations Manage What They Know. Boston: Harvard Business School Press.

David A G. 1993. Building a learning organization. Harvard Business Review, 7: 78-91.

Day G S. 1994. The capabilities of market-driven organizations. Journal of Marketing, 58 (4): 37-52.

De Boer M, den Bosch V, Frans A J, et al. 1999. Managing organizational knowledge integration in the emerging multimedia complex. Journal of Management Studies, 36 (3): 379-398.

De Long D. 1997. Building the knowledge-based organization-how culture drives knowledge behaviors. Ernst & Young's Center for Business Innovation Working Paper.

Deal T E, Kennedy A A. 1983. Culture: a new look through old lenses. Journal of Applied Beharioral Science, 19 (4): 498-505.

Deci E L, Ryan R M. 2000. The "what" and "why" of goal pursuits: human needs and the self-determination of behavior. Psychological Inquiry, 11 (4): 227-268.

Demsetz H. 1988. The theory of the firm revisited. Journal of Law, Economics, and Organization, 4 (1): 141-161.

Denison D R, Mishra A K. 1995. Toward a theory of organizational culture and effectiveness. Organization Science, 6 (2): 204-223.

Diamantopoulos A. 1994. Modeling with LISREL: a guide for the uninitiated//Hooley G J, Hussey M K. Quantitative Methods in Marketing. London: Hareourt Braee.

Dodgson M. 1993. Organizational learning: a review of some literature. Organization Studies, 14 (3): 375-394.

Dosi G, Marengo L. 1994. Some elements of an evolutionary theory of organizational competences//England R W. Evolutionary Concepts in Contemporary Economics. Ann Arbor: University of Michigan Press.

Dosi G, Teece D. 1998. Organizational competencies and the boundaries of the firm. Markets and Organization, 6: 281-302.

Drucker P. 2002. The discipline of innovation. Harvard Business Review, 80 (8): 95-101.

Dussauge P, Garrette B. 1999. Cooperative Strategy: Competing Successfully through Strategic Alliances. Chichester: John Wiley & Sons.

Dutton J E, Heaphy E D. 2003. The power of high-quality connections at work//Cameron K S, Dutton J E, Quinn R E. San Francisco: Berrett-Koehler Publishers: 263- 278.

Eisenhardt K M, Martin J A. 2000. Dynamic capabilities: what are they? Strategic Management Journal, 21 (10/11): 1105-1121.

Ernst D, Kim L. 2002. Global production networks, knowledge diffusion, and local capability formation. Research Policy, 31 (8): 1417-1429.

Fiol C M, Marjorie A L. 1985. Organizational learning. Academy of Management Review, 10 (4): 803-813.

Fornell C, David F L. 1981. Evaluating structural equation models with unobservable variables and measurement error. Journal of Marketing Research, 18 (1): 39-50.

Fosfuri A，Tribo J A. 2008. Exploring the antecedents of potential absorptive capacity and its impact on innovation performance. Omega，36（2）：173-187.

Fountain J. 1998. Social capital：a key enabler of innovation in science and technology//Branscomb L M，Keller J. Investing in Innovation Towards a Consensus Strategy for Federal Technology Policy. Cambridge：MIT Press.

Fox M S. 1996. Research in enterprise integration//Proceedings of the AI and Manufacturing Research Planning Workshop：40-52.

Gaedeke R M，Tootelian D H. 1976. The fortune 500 list：an endangered species for academic research. Journal of Business Research，4（2）：283-288.

Garvin D. 1993. Building learning organizations. Harvard Business Review，74（4）：78-91.

George G，Zahra S A，Wheatley K K，et al. 2001. The effects of alliance portfolio characteristics and absorptive capacity on performance：a study of biotechnology firms. Journal of High Technology Management Research，12：205-226.

Gerbing D W，Anderson J C. 1988. An updated paradigm for scale development incorporating unidimensionality and its assessment. Journal of Marketing Research，25：186-192.

Gilmour D. 2003. How to fix knowledge management. Harvard Business Review，（5）：126-134.

Gold A H，Malhotra A，Segars A H. 2001. Knowledge management：an organizational capabilities perspective . Journal of Management Information Systems，18（1）：185-214.

Gorsuch R L. 1983. Factor Analysis. 2nd ed. Hillsdale：Erlbaum.

Grant R M，Baden-Fuller C. 1995. A knowledge-based theory of inter-firm collaboration. Academy of Management Journal Best Papers Proceedings：7-21.

Grant R. 1991. The resource-based theory of competitive advantage. California Management Review，33（3）：114-134.

Grant R. 1996. Prospering in dynamically-competitive environments：organizational capability as knowledge integration. Organization Science，7：375-387.

Guilford. 1965. Fundamental Statistics in Psychology and Education. 4th ed. New York：McGraw-Hill.

Gupta A K，Govindarajan V. 2000. Knowledge flows within multinational corporations. Strategic Management Journal，（21）：473-496.

Hage J. 1965. An axiomatic theory of organizations. Administrative Science Quarterly，10（3）：289-320.

Hair J F. 1998. Multivariate Data Analysis. 5th ed. New York：Prentice Hall.

Halal W E，Smith R. 1998. The infinite resource：creating and leading the knowledge enterprise. San Francisco：Jossey-Bass Publishers.

Hamel G，Heene A. 1991. Competence-based Competition. New York：John Wiley.

Hayek F A. 1945. The use of knowledge in society. The American Economic Review，35（4）：519-530.

Helfat C E，Finkelstein S，Mitchell W，et al. 2007. Dynamic Capabilities：Understanding Strategic Change in Organizations. Malden：Blackwell Publishing.

Henderson M R, Clark B K. 1990. Architectural innovation: the reconfiguration of existing product technologies and the failure of established firms. Administrative Science Quarterly, 35 (1): 9-30.

Henderson M R, Cockburn I. 1994. Measuring competence? Exploring firm effects in pharmaceutical research. Strategic Management Journal, 15 (S1): 63-84.

Higgins J M 1995. Innovation: the core competence. Planning Review, 23: 32-36

Hislop D. 2003. Knowledge integration processes and the appropriation of innovations. European Journal of Innovation Management, 6 (3): 159-172.

Hoch D J, Roeding C R, Purkert G, et al. 2000. Secrets of Software Success. Boston: Harvard Business School Press.

Hofer C W, Schendel D. 1979. Formulation: Analytical Concept. New York: West Publishing.

Hofstede G. 1980. Culture and organizations. International Studies of Management and Organization, 10 (4): 15- 41.

Huang J C, Newell S. 2003. Knowledge integration processes and dynamics within the context of cross-functional projects. International Journal of Project Management, 21 (3): 167-176.

Huber G. 1991. Organizational learning: the contributing processes and the literature. Organization Science, 2 (1): 88-115.

Hung H-F, Kao H-P, Chu Y-Y. 2008. An empirical study on knowledge integration, technology innovation and experimental practice. Expert Systems with Applications, 35 (1/2): 177-186.

Hunter J E, Gerbing D W. 1982. Unidimensional measurement, second order factor analysis, and causal models. Research in Organizational Behavior, 4: 267-330.

Iansiti M, Clark K B. 1994. Integration and dynamic capability: evidence from development in automobiles and mainframe computers. Industrial and Corporate, 3: 557-605.

Iansiti M, West J. 1997. Technology integration: turning great research into great products. Harvard Business Review, 75 (3): 69-79.

Inkpen C. 1996. Creating knowledge through collaboration. California Management Review, 39 (1): 123-140.

Itami H. 1987. Mobilizing Invisible Assets. Cambridge: Harvard University Press.

Jassawalla A R, Sashittal H C. 1998. An examination of collaboration in high-technology new product development processes. The Journal of Product Innovation Management, 15 (3): 186-203.

Jen-Te Y. 2007. Knowledge sharing: investigating appropriate leadership roles and collaborative culture. Tourism Management, 28: 530-543.

Johnson J L, Kuehn R. 1987. The small business owner/manager's search for external information. Journal of Small Business Management, 25 (3): 53-60.

Jones O, Craven M. 2001. Expanding capabilities in a mature manufacturing firm: absorptive capacity and the TCS. International Small Business Journal, 19 (3): 39-55.

Kaiser H F. 1974. An index of factorial simplicity. Psychometrika, 39: 31-36.

Kanter R S, Stein B, Jick T D. 1992. The Challenge of Organizational Change. New York: Free Press.

Kanungo S, Sadavarti S, Srinivas Y. 2001. Relating IT strategy and organizational culture: an empirical study of public sector units in India. The Journal of Strategic Information Systems, 10 (1): 29-57.

Karlheinz K, Kim T. 2001. Knowledge, learning and IT support in a small soft company. Journal of Knowledge Management, 5 (4): 349-357.

Keen P G W. 1991. Shaping the Future: Business Design through Information Technology. Cambridge: Harvard Business Press.

Keller W. 1996. Absorptive capacity: on the creation and acquisition of technology in development. Journal of Development Economics, 49 (1): 199-227.

Kenney J L, Gudergan S P. 2006. Knowledge integration in organizations: an empirical assessment. Journal of Knowledge Management, 10 (4): 43-58.

Kessler E H, Paul E B, Gopalakrishnan S. 2000. Internal vs. external learning in new product development: effects on speed, costs and competitive advantage. Research and Development Management, 30 (3): 213-223.

Kim L. 1997. The dynamics of Samsung's technological learning in semiconductors. California Management Review, 39 (3): 86-101.

Kim L. 1998. Crisis construction and organizational learning: capability building in catching-up at Hyundai Motor. Organization Science, 9: 506-521.

Knights D, Wilmott H. 2002. The hype and hope of interdisciplinary management studies. British Journal of Management, 8 (1): 9-22.

Kogut B, Zander U. 1992. Knowledge of the firm, combinative capabilities, and the replication of technology. Organization Science, 3: 383-397.

Kogut B, Zander U. 1996. What firms do? Coordination, identity, and learning. Organization Science, 7: 502-518

Kraaijenbrink J, Wijnhoven F. et al. 2007. Towards a kernel theory of external knowledge integration for high-tech firms: exploring a failed theory tes. Technological Forecasting and Social Change, 74 (8): 1215-1233.

Kusunoki K, Numagami T. 1998. Interfunctional transfers of engineers in Japan: empirical findings and implications for cross-functional integration. IEEE Transactions on Engineering Management, 45 (3): 250-262.

Kwan M, Cheung P. 2006. The knowledge transfer process: from field studies to technology development. Journal of Database Management, 17 (1): 16-32.

Lane P J, Koka B R. 2006. The reification of absorptive capacity: a critical review and rejuvenation of the construct. Academy of Management Review, 31 (40): 833-863.

Lang J C. 2004. Social context and social capital as enablers of knowledge integration. Journal of Knowledge Management, 8 (3): 89-105.

Law Y F D, Lee-Partridge J E. 2001. Exploring knowledge management perceptions among information systems managers—empirical sense-making through focus group research. Australian Journal of Information Systems，12：42-55.

Lawler E J. 2001. An affect theory of social exchange. American Journal of Sociology，107：321-352.

Lee H-S，Suh Y-H. 2003. Knowledge conversion with information technology of Korean companies. Business Process Management Journal，9（3）：317-336.

Leonard-Barton D. 1992. Core capability and core rigidities：a paradox in managing new product development. Strategic Management Journal，13（SI）：111-125.

Leonard-Barton D. 1995. Wellsprings of Knowledge：Building and Sustaining the Sources of Innovation. Boston：Harvard Business School Press.

Lin W B. 2006. Fostering product innovation in industry networks：the mediating role of Knowledge integration. The International Journal of Human Resource Management，17（1）：155-173.

Lin W B. 2008b. The effect of knowledge sharing model. Expert Systems with Applications，34：1508-1521.

Lin W B. 2008a. The exploration factors of affecting knowledge sharing—The case of Taiwan' s high-tech industry. Expert Systems with Applications，35：661-676.

Lippman S A，Rumelt R P. 1982. Uncertain imitability：an analysis of interfirm differences in efficiency under competition. Bell Journal of Economics，13（2）：418-438.

Liu Y，Jia Y J，Wang C J. 2009. The impact of learning on integration capability and performance：a knowledge-based view//Proceedings of the 2009 IEEE International Conference on Automation and Logistics，Changchun：1072-1077.

Loehlin J C. 1992. Latent Variable Models：An Introduction to Factor，Path，and Structural Analysis. 2nd ed. Hillsdale：Lawrence Erlbaum Associates.

Loury G C. 1976. A dynamic theory of racial income differences//Wallace P A，La Mond A M. Women，Minorities，and Employment Discrimination. Lexington：Heath.

Luo Y D. 2000. Dynamic capabilities in international expansion. Journal of World Business，35（4）：355-378.

Ma H. 2004. Competitive Advantage：Anatomy and Constellation. Beijing：Peking University Press.

Marquardt M J. 1996. Building the Learning Organization：A Systems Approach to Quantum Improvement and Global Success. New York：McGraw-Hill.

Marshall A. 1925. Principles of Economics：An Introductory Volume. London：MacMillan.

Matusik S F，Heeley M. 2001. Absorptive capacity and firm knowledge：separating the multiple components of the absorptive capacity construct//Paper presented at the annual meeting of the Academy of Management，Washington.

McGill M，Slocum J，Lei D. 1992. Management practices in learning organizations. Organization Dynamics，21（1）：5-17.

Miller D，Friesen P H. 1982. The longitudinal analysis of organizations：a methodological perspective. Management Science，28 (9)：1013-1034.

Moran P，Ghoshal S. 1996. Value creation by firms//Keys J B，Dosier L N. Academy of Management Best Paper Proceedings，41-45.

Morosini P，Renaud O. 2003. Knowledge integration mechanisms and the competitive performance of firms：an empirical investigation. IMD Working Paper 2003-2. International Institute for Management Development.

Mowery D C，Oxley J E. 1995. Inward technology transfer and competitiveness：the role of national innovation systems. Cambridge Journal of Economics，19：67-93.

Mullen C J. 1997. Corporate courtship：a multiple case study of strategic alliance formation. Doctoral dissertation California School of Professional Psychology at Alameda：1-13.

Nahapiet J，Ghoshal S. 1998. Social capital，intellectual capital，and the organizational adventage. Academy of Management Review，23：242-266.

Nelson R R，Winter S G. 1982. An Evolutionary Theory of Economic Change. Cambridge：Harvard University Press.

Niehoff B P，Moorman R H. 1993. Justice as a mediator of the relationship between methods of monitoring and organizational citizenship behavior. Academy of Management Journal，36：527-556.

Nonaka I. 1991. The knowledge creating company. Harvard Business Review，69：96-104.

Nonaka I. 1994. A dynamic theory of organizational knowledge creation. Organization Science，5 (1)：14-37.

Nonaka I，Takeuchi H. 1998. A theory of the firm's knowledge-creation dynamics. Oxford：Oxford University Press.

Nunnally J C. Berstein I H. 1994. Psychometric Theory. New York：McGraw-Hall.

Osterloh M，Frey B S. 2000. Motivation，knowledge transfer，and organizational forms. Organization Science，11 (5)：538-550.

O'Dell C，Grayson C. 1998. If only we knew what we know：identification and transfer of internal best practices. California Management Review，40 (3)：154-174.

Papyrakis E，Gerlagh R. 2004. The resource curse hypothesis and its transmission channels. Journal of Comparative Economics，32：181-193.

Pascale R T. 1984. Perspectives on strategy：the real story behind Honda's success. California Management Review，26 (3)：47-72.

Penrose E T. 1959. The Theory of the Growth of the Firm. Oxford：Oxford University Press.

Peppard J，Ward J. 2004. Beyond strategic information systems：towards an IS capability. Journal of Strategic Information Systems，13：167-194.

Peteraf M A. 1993. The cornerstones of competitive advantage：a resource-based view. Strategic Management Journal，14 (3)：179-191.

Pierre-Jean B. 1990. Managing innovation：from ad hoc to routine in French telecom. Organization Studies，11：531-554.

Polanyi M. 1962. Personal Knowledge：Toward a Post-Critical Philosophy. New York：Harper Torchbooks.

Pool S W. 2000. Organizational culture and its relationship between job tension in measuring outcomes among business executives. Journal of Management Development，19 (1)：32-49.

Porter M E. 1980. Competitive Strategy：Techniques for Analyzing Industries and Competitors. New York：Free Press.

Porter M E. 1985. Competitive Advantage：Creating and Sustaining Superior Performance. New York：Free Press.

Portes A，Sensenbrenner J. 1993. Embeddedness and immigration：notes on the social determinants of economic action. American Journal of Sociology，98 (6)：1320-1350.

Prahalad C K，Hamel G. 1990. The core competence of the corporation. Harvard Business Review，68：79-91.

Preskill H. 1994. Evaluation's role in enhancing organizational learning：a model for practice. Evaluation and Program Planning，17 (3)：291-297.

Presutti M，Boari C. 2008. Space-related antecedents of social capital：some empirical inquiries about the creation of new firms. International Entrepreneurship and Management Journal，4 (2)：217-234.

Putnam R D. 1993. The prosperous community：social capital and public life. The American Prospect，13：13-37.

Quinn J B. 1992. Intelligent Enterprises. New York：Free Press.

Real J C，Leal A，Roldán J L. 2006. Information technology as a determinant of organizational learning and technological distinctive competencies. Industrial Marketing Management，35：505-521.

Richard M，O'Dell C. 2001. Overcoming the cultural barriers to sharing knowledge. Journal of Knowledge Management，5 (1)：76-85.

Robert O B，Gert-Jan D V，Jay F N，et al. 2002. Decision-making and a hierachy of understanding. Journal of Management Information Systems，18 (4)：5-9.

Robey D，Boudreau M C，Rose G M. 2000. Information technology and organizational learning：a review and assessment of research. Accounting Management and Information Technologies，10：125-155.

Ross J W，Beath C M，Goodhue D L. 1996. Develop long-term competitiveness through IT assets. Sloan Management Review，38 (1)：31- 42.

Rothwell R. 1992. Successful industrial innovation：critical factors for the 1990s. R&D Management，22 (3)：221-240.

Sanchez R，Mahoney J T. 1996. Modularity，flexibility，and knowledge management in product and organization design. Strategic Management Journal，17 (SI)：63-76.

Schein E H. 1984. Coming to a new awareness of organizational culture. Sloan Management Review，25 (2)：3-16.

Schmalance R. 1985. Do markets differ much? American Economic Review，75 (3)：341-351.

Schumann P A, Prestwood D C, Tong A H, et al. 1994. Entrepreneurship, Innovation, and Change, 4 (4): 295-314.

Selznick P. 1957. Leadership in Administration: A Sociological Interpretation. Berkeley: University of California Press.

Senge P M. 1990. The leader's new work: building learning organizations. Sloan Management Review: 7-23.

Senge P. 1990. Building learning organizations. Sloan Management Review, 32 (1): 7-23.

Sherif K. 2006. An adaptive strategy for managing knowledge in organizations. Journal of Knowledge Management, 10 (4): 72-80.

Shibata T, Kodama M. 2007. Knowledge integration through networked strategic communities: two-case studies in Japan. Business Strategy Series, 8 (6): 394- 400.

Shin M, Holden T, Schmidt R A. 2001. From knowledge theory to management practice towards an integrated approach. Information Processing & Management, 37 (2): 335-355.

Sivadas E, Dwyer F R. 2000. An examination of organizational factors influencing new product success in internal and alliance-based processes. Journal of Marketing, 64 (1): 31- 49.

Slater S F, John C N. 1995. Market orientation and the learning organization. Journal of Marketing, 59 (3): 63-74.

Slater S F, Narver J C. 1994. Market Oriented Isn't Enough: Build a Learning Organization. Marketing Science Institute Report. Cambridge: Marketing Science Institute.

Smith K. 1995. Interactions in knowledge systems: foundations, policy implications and empirical methods. STI Review, 16: 69-102.

Sobrero M, Roberts E B. 2001. The Trade-off between efficiency and learning in interorganizational relationships for product development. Management Science, 47: 493-511.

Solo S C. 1951. Innovation in the capitalist process: a critique of the Schumpeterian theory. The Quarterly Journal of Economic, (1): 37-39.

Souder W E, Sherman J D. 2001. Environmental uncertainty, organizational integration, and new product development effectiveness, a test of contingency theory. The Journal of Product Innovation Management, 18 (5): 336-351.

Stata R. 2004. New ways to evaluate innovative ventures. MIT Sloan Management Review, 45: 1-96.

Stein E W, Zwass V. 1995. Actualizing organizational memory with information systems. Information Systems Research, 6 (2): 85-117.

Stoneman P. 1995. Handbook of the economics of innovation and technological change. Oxford: Blackwell.

Straub D W. 1989. Validating Instruments in MIS Research. MIS Quarterly, 2 (13): 147-169.

Szulanski G. 1996. Exploring internal stickiness: impediments to the transfer of best practice within the firm. Strategic Management Journal, 17: 27- 43.

Tampoe M. 1993. Motivating knowledge workers: the challenge for the 1990's. Long Range

Planning，26 (3)：29-55.

Tang H K. 1998. An integrative model of innovation in organizations. Technovation，18 (5)：297-309.

Teece D J，Pisano G，Shuen A. 1997. Dynamic capabilities and strategic management. Strategic Management Journal，18：509-533.

Teece D J. 1990. Contribution and impediments of economic analysis to the study of strategic management//Fredrickson J W. Perspectives on Strategic Management. New York：39-80.

Teece D J. 1998. Capturing value from knowledge assets：the new economy，markets for know-how，and intangible assets. California Management Review，40 (3)：55-79.

Teece D J. 2000. Strategies for managing knowledge assets：the role of firm structure and industrial context. Long Range Planning，33：35-54.

Tiwana A B. 2001. The influence of knowledge integration on project success：an empirical examination of e-business teams. Georgia State University PhD dissertation.

Todorova G，Durisin B. 2007. Absorptive capacity：valuing a reconceptualization. Academy of Management Review，32 (3)：774-786.

Tripsas M，Gavetti G. 2000. Capabilities and cognition，and inertia：evidence from digital imaging. Strategic Management Journal，21：1147-1162.

Tsai W，Ghoshal S. 1998. Social capital and value creation：the role of intrafirm networks. Academy of Management Journal，41 (4)：464-476.

Tsai W. 2002. Social structure of "coopetition" within a multiunit organization：coordination，competition and interorganizational knowledge sharing. Organization Science，13 (2)：179-190.

Tyler B B. 2001. The complementarity of cooperative and technological competencies：a resource-based perspective. Journal of Engineering and Technology Management，18：1-27.

Tyre M J，Orlikowski W J. 1993. Exploiting opportunities for technological improvement in organizations. Working paper. Sloan School of Management.

Van de Ven A H. 1986. Central problem in the management of innovation. Management Science，32：590-607.

Vanhaverbeke W，Cloodt M，van de Vrande V. 2007. Connecting absorptive capacity and open innovation. Working Paper. Hasselt University.

Volberda H W，Lewin A Y. 2003. Co-evolutionary dynamics within and between firms：from evolution to co-evolution. Journal of Management Studies，40 (8)：2111-2136.

Von Hippel E. 1978. Successful industrial products from customer ideas. Journal of Marketing，42 (1)：39-49.

Von Hippel E. 1986. Lead users：a source of novel product concepts. Management Science，32 (7)：791-805.

Von Krogh G. 1998. Care in knowledge creation. California Management Review，40 (3)：133-154.

Vorhies D W，Im S，Morgan N A. 2002. Product Innovation Capabilities：Acq uiring and

Using Knowledge to Develop Innovative Products. American Marketing Association Winter Educators'Conference.

Wallach E J. 1983. Individuals and organizations：the cultural match. Training and Development Journal，37：29-36.

Watkins K E，Marsick V J. 2003. Demonstrating the valve of an organization's learning culture：the dimension of the learning organization questionnaire. Adoanees in Developing Human Resources，5（2）：132-151.

Watts R J，Porter A L. 1997. Innovation Forecasting. Technological Forecasting and Social Change，56（1）：25-47.

Wernerfelt B. 1984. A resource-based view of the firm. Strategic Management Journal，5：171-180.

Wernerfelt B，Montgomery C. 1988. Tobin's q and the importance of focus in firm performance. Amer-ican Economic Review，78：246-251.

Wiklund J，Shepherd D. 2003. Knowledge-based resources，entrepreneurial orientation，and the performance of small and medium-sized businesses. Strategic Management Journal，24（13）：1307-1314.

Winter S G. 2003. Understanding dynamic capabilities. Strategic Management Journal，24（10）：991-995.

Yang J. 2005. Knowledge integration and innovation：securing new product advantage in high technology industry. The Journal of High Technology Management Research，16（1）：121-135.

Yin G，Chen Y. 2008. IT organizational transformation，knowledge integration，and IT assimilation：a case study. Tsinghua Science & Technology，13（3）：400-407.

Yli-Renko H E，Autio V T. 2002. Social capital，knowledge，and the international growth of technology-based new firms. International Business Review，11：279-304.

Zack M H. 1999. Managing codified knowledge. Sloan Management Review，40：45-58.

Zahra S A，George G. 2002. Absorptive capacity：a review，reconceptualization，and extension. Academy of Management Review，27（2）：185-203.

Zahra S A，Sapienza H J，Davidsson P. 2006. Entrepreneurship and dynamic capabilities：a review，model and research agenda. Journal of Management Studies，43（4）：97-955.

Zahra S A，Hayton J C. 2008. The effect of international venturing on firm performance：the moderating influence of absorptive capacity. Journal of Business Venturing，23（2）：195-220.

Zollo M，Winter S G. 2002. Deliberate learning and the evolution of dynamic capabilities. Organization Science，13（3）：339-358.

Zollo M，Winter S. 1999. From organizational routines to dynamic capabilities. University of Pennsylvania.

附录　企业知识集成能力调查问卷

您好！

首先非常感谢您能在百忙之中，花时间填写这份问卷。这是一份学术性研究问卷，主要目的是探讨影响企业知识集成能力的关键因素及其之间的关系。希望通过这个研究产生一些前沿性的学术成果，并给国内企业的管理者提供一些相关领域的建议，以提高企业知识集成能力，获取持续竞争优势。

本问卷并无标准答案，也无所谓对错，您只要依照自己企业的情况填写即可。问卷所得的全部资料仅供学术研究之用，绝不对外公布，也不做个别的处理或披露，敬请安心作答。您的协助将是本研究成功的关键，恳请占用您宝贵的时间填答。

衷心感谢您的参与！

一、企业基础信息

填写说明：请根据您的企业情况填写相应内容，或在符合的答案上打“√”。

1. 您所在的企业名称______________

2. 企业所在城市__________

3. 企业性质：

A. 国有　　B. 民营　　C. 合资　　D. 其他

4. 企业类别：

A. 高新技术产业　　B. 传统制造业　　C. 一般服务业

D. 金融服务业　　E. 其他（请说明）______________

5. 企业资本规模：

A. 1 亿元以下　　B. 1 亿～10 亿元　　C. 10 亿～20 亿元

D. 20 亿～50 亿元　　E. 50 亿元以上

6. 员工规模：

A. 100 人以下　　B. 100～300 人　　C. 300～500 人

D. 500～1000 人　　E. 1000 人以上

7. 企业的基本组织形态为：

A. 职能式　　B. 矩阵式　　C. 地理区域式

D. 事业部　　E. 其他（请说明）__________

8. 您在该公司的从业年限：

A. 1 年以下　　B. 1～5 年　　C. 5～10 年

D. 10～20 年　　E 20 年以上

9. 您的职务：

A. 高层主管　　B. 中层主管　　C. 基层主管

D. 普通员工

第一部分：贵公司组织文化状况调查（请根据贵公司的实际情况，在最为接近的数字上打“√”）

1.【本公司组织文化现状】	极不同意	不同意	稍不同意	不确定	稍微同意	同意	非常同意
(1) 本公司内部程序清晰且高度系统化	1	2	3	4	5	6	7
(2) 本公司员工必须遵守内部规章制度	1	2	3	4	5	6	7
(3) 本公司各部门的权利和责任能达到平衡	1	2	3	4	5	6	7
(4) 本公司内部强调道德和原则	1	2	3	4	5	6	7
(5) 本公司员工的积极性和主动性比较强	1	2	3	4	5	6	7
(6) 本公司内部有支持创新的激励机制	1	2	3	4	5	6	7
(7) 本公司员工经常能感受到挑战性工作所带来的压力	1	2	3	4	5	6	7
(8) 本公司员工内部关系融洽	1	2	3	4	5	6	7
(9) 本公司员工强调团队精神的凝聚力	1	2	3	4	5	6	7
(10) 本公司员工之间有很多合作机会	1	2	3	4	5	6	7
(11) 本公司能为员工创造一种关怀和安全的工作环境	1	2	3	4	5	6	7

第二部分：贵公司组织结构状况调查（请根据贵公司的实际情况，在最为接近的数字上打“√”）

2.【本公司组织结构现状】	极不同意	不同意	稍不同意	不确定	稍微同意	同意	非常同意
(1) 本公司内部程序高度标准化	1	2	3	4	5	6	7
(2) 本公司员工的任务高度结构化	1	2	3	4	5	6	7
(3) 本公司员工的工作自主权较小	1	2	3	4	5	6	7
(4) 本公司员工在工作时一般不需要与其他人进行探讨或寻求帮助	1	2	3	4	5	6	7
(5) 本公司大多数员工都能在部门内部分享决策权	1	2	3	4	5	6	7

续表

2.【本公司组织结构现状】	极不同意	不同意	稍不同意	不确定	稍微同意	同意	非常同意
（6）本公司所处的行业环境具有高度的不确定性，因此权利的分配是保证本公司灵活性和响应速度的一个重要机制	1	2	3	4	5	6	7
（7）本公司在地理位置上具有分散性，因此需要进行权利划分	1	2	3	4	5	6	7
（8）由于管理决策的灵活性，本公司的战略能够有效执行	1	2	3	4	5	6	7

第三部分：贵公司激励机制状况调查（请根据贵公司的实际情况，在最为接近的数字上打“√”）

3.【本公司激励机制现状】	极不同意	不同意	稍不同意	不确定	稍微同意	同意	非常同意
（1）本公司注重使用物质激励来提高员工的士气	1	2	3	4	5	6	7
（2）本公司有相应的物质激励政策来对提出问题解决方案的员工进行激励	1	2	3	4	5	6	7
（3）本公司有相应的物质激励政策来对提供知识来源和主动进行知识共享的员工进行激励	1	2	3	4	5	6	7
（4）本公司有相应的利润分享政策	1	2	3	4	5	6	7
（5）本公司为员工提供了较好的自我成长和发展途径	1	2	3	4	5	6	7
（6）本公司员工对于自己的工作有较大的自主权	1	2	3	4	5	6	7
（7）本公司员工在工作中能获得较大的成就感	1	2	3	4	5	6	7
（8）本公司通过公开表彰等方式向提供知识来源和主动进行知识共享的员工表示感谢和敬意	1	2	3	4	5	6	7

第四部分：贵公司的组织学习状况调查（请根据贵公司的实际情况，在最为接近的数字上打“√”）

4.【本公司组织学习现状】	极不同意	不同意	稍不同意	不确定	稍微同意	同意	非常同意
（1）本公司的主管们认为公司的学习能力对建立竞争优势非常重要	1	2	3	4	5	6	7
（2）本公司认为员工应该不断学习	1	2	3	4	5	6	7
（3）本公司将员工的学习视为一项投资	1	2	3	4	5	6	7
（4）本公司认为学习是公司生存的必要条件	1	2	3	4	5	6	7

续表

4.【本公司组织学习现状】	极不同意	不同意	稍不同意	不确定	稍微同意	同意	非常同意
(5) 本公司的高层管理者对公司的定位及未来发展有清楚的界定和表述	1	2	3	4	5	6	7
(6) 本公司各部门都有自己共同的愿景							
(7) 本公司所有的员工均承诺要为本公司的目标而努力工作	1	2	3	4	5	6	7
(8) 本公司员工都认为他们对本公司未来发展方向有一份责任	1	2	3	4	5	6	7
(9) 本公司的部门主管会与员工分享他们的愿景	1	2	3	4	5	6	7
(10) 本公司员工勇于质疑公司运营的各种规定和惯例	1	2	3	4	5	6	7
(11) 本公司的主管们认为包容接纳各种不同的声音是很重要的	1	2	3	4	5	6	7
(12) 本公司非常重视原创性，鼓励员工能超越常规、创意思考	1	2	3	4	5	6	7

第五部分：贵公司社会资本状况调查（请根据贵公司的实际情况，在最为接近的数字上打“√”）

5.【本公司社会资本现状】	极不同意	不同意	稍不同意	不确定	稍微同意	同意	非常同意
(1) 本公司内部生产部门、研发部门、营销部门之间联系频繁	1	2	3	4	5	6	7
(2) 本公司与客户、供应商和科研院所等利益相关者联系频繁	1	2	3	4	5	6	7
(3) 与本公司保持联系的客户、供应商和科研院所等利益相关者数量较多	1	2	3	4	5	6	7
(4) 本公司有内部网络、BBS 等内部信息交流平台可供员工进行交流	1	2	3	4	5	6	7
(5) 本公司有门户网站等外部交流平台可与客户、供应商等利益相关者进行联系和交流	1	2	3	4	5	6	7
(6) 本公司内外部联系双方在合作过程中有损人利己的倾向	1	2	3	4	5	6	7
(7) 本公司内外部联系双方能真诚合作	1	2	3	4	5	6	7
(8) 本公司内外部联系双方能相互信守诺言	1	2	3	4	5	6	7
(9) 本公司内外部联系双方有共同语言，能有效沟通	1	2	3	4	5	6	7
(10) 本公司内外部联系双方存在相似的价值取向	1	2	3	4	5	6	7
(11) 本公司内外部联系双方拥有一致的目标	1	2	3	4	5	6	7

第六部分：企业的吸收能力状况调查（请根据您所在企业的实际情况，在最为接近的数字上打"√"）

6.【本公司吸收能力现状】	极不同意	不同意	稍不同意	不确定	稍微同意	同意	非常同意
(1) 与其他部门比较，公司的研发单位受到较多重视	1	2	3	4	5	6	7
(2) 与其他公司比较，公司的研发投资预算较高	1	2	3	4	5	6	7
(3) 公司研发人员的研发经验丰富	1	2	3	4	5	6	7
(4) 公司对于非直接但相关之技术会进行研发	1	2	3	4	5	6	7
(5) 公司对于所举办的教育训练活动态度积极	1	2	3	4	5	6	7
(6) 公司员工希望接受公司安排的教育训练	1	2	3	4	5	6	7
(7) 与其他厂商比较，员工有较多的进修机会	1	2	3	4	5	6	7
(8) 公司在过去的营运过程中积累了丰富的作业知识与经验	1	2	3	4	5	6	7
(9) 公司制造人员的制造经验丰富	1	2	3	4	5	6	7
(10) 公司以往在该领域中拥有丰富的知识与技术	1	2	3	4	5	6	7

第七部分：企业的 IT 能力状况调查（请根据您所在企业的实际情况，在最为接近的数字上打"√"）

7.【本公司 IT 能力现状】	极不同意	不同意	稍不同意	不确定	稍微同意	同意	非常同意
(1) 企业有完善的网络建设	1	2	3	4	5	6	7
(2) 企业投入大量资金进行硬件配置（PC、服务器、数据存储器等）	1	2	3	4	5	6	7
(3) 企业有完善合理的信息安全保障	1	2	3	4	5	6	7
(4) 企业内部生产管理相关系统建设比较完善	1	2	3	4	5	6	7
(5) 企业与外部企业交流的相关系统建设比较完善	1	2	3	4	5	6	7
(6) 企业拥有根据需要分析设计 IT 系统的技能	1	2	3	4	5	6	7
(7) 企业拥有管理 IT 系统功能和项目的能力	1	2	3	4	5	6	7
(8) 企业能够通过 IT 技术跟踪和预测客户的需求变化，并制定相应的策略	1	2	3	4	5	6	7
(9) 企业通过 IT 积累了大量有用的技能和经验	1	2	3	4	5	6	7
(10) 企业能够通过 IT 实现与相关企业之间以及企业各部门之间的资源和能力共享	1	2	3	4	5	6	7

第八部分：企业的内部知识集成能力状况调查（请根据您所在企业的实际情况，在最为接近的数字上打“√”）

8.【本公司内部知识集成能力现状】	极不同意	不同意	稍不同意	不确定	稍微同意	同意	非常同意
（1）本公司经常从销售、生产和研发等核心部门收集信息	1	2	3	4	5	6	7
（2）本公司经常通过员工在组织内部“走动”学习，发现新的战略和市场机会	1	2	3	4	5	6	7
（3）本公司创造了一个工作环境，适合员工通过示范和实践等方法来学习、理解专家经验和技能	1	2	3	4	5	6	7
（4）本公司鼓励员工之间进行具有创造性和必要性的对话	1	2	3	4	5	6	7
（5）本公司鼓励员工充分表达个人观点	1	2	3	4	5	6	7
（6）本公司鼓励员工经常交流不同的思想与观念	1	2	3	4	5	6	7
（7）本公司鼓励员工在交流中使用归纳、演绎等方法来思考问题	1	2	3	4	5	6	7
（8）本公司鼓励员工使用比喻、类比等方法来形象化描述新产生的概念	1	2	3	4	5	6	7
（9）本公司利用各种公开的文献资料并采用计算机仿真、预测等方法来制定组织战略	1	2	3	4	5	6	7
（10）本公司通过收集各种管理数据和技术信息来增加组织的资料	1	2	3	4	5	6	7
（11）本公司建立了丰富的产品和服务数据库	1	2	3	4	5	6	7
（12）本公司制定了完善的产品和服务手册	1	2	3	4	5	6	7
（13）本公司在员工中积极传播新产生的概念和思想	1	2	3	4	5	6	7
（14）本公司经常通过建立跨部门的项目团队来促进不同职能部门间的沟通与联络	1	2	3	4	5	6	7
（15）本公司采用团队模式来实施各种项目，并在整个组织中分享成果	1	2	3	4	5	6	7
（16）本公司中的团队不断搜寻和分享新的价值观念	1	2	3	4	5	6	7
（17）本公司鼓励员工通过不断沟通来理解并分享组织愿景和本公司价值	1	2	3	4	5	6	7
（18）本公司实施了先进的管理理念（如标杆管理）和营销观念（如市场测试）	1	2	3	4	5	6	7

第九部分：企业的外部知识集成能力状况调查（请根据您所在企业的实际情况，在最为接近的数字上打"√"）

9.【本公司外部知识集成能力现状】	极不同意	不同意	稍不同意	不确定	稍微同意	同意	非常同意
(1) 员工会通过一些渠道（如阅读专业期刊和参加研讨会）搜寻与工作相关的技术资讯	1	2	3	4	5	6	7
(2) 员工会通过网站搜寻与工作相关的技术资讯	1	2	3	4	5	6	7
(3) 公司会鼓励员工搜寻与工作相关的技术资讯	1	2	3	4	5	6	7
(4) 公司目前与外部组织已建立策略联盟关系，以获取所需资讯和知识	1	2	3	4	5	6	7
(5) 公司目前与外部组织已建立专利授权关系，以获取所需资讯和知识	1	2	3	4	5	6	7
(6) 公司目前与外部组织已建立合作研发关系，以获取所需资讯和知识	1	2	3	4	5	6	7
(7) 公司善于借鉴或重复利用已有知识，避免不必要的重复研发	1	2	3	4	5	6	7
(8) 公司善于对知识资源开发新的用途，增加新的收入来源	1	2	3	4	5	6	7
(9) 公司善于改善知识利用的方式或流程，提高顾客满意度和劳动生产力	1	2	3	4	5	6	7
(10) 公司善于在所有员工间共享和传播知识经验，提高组织的整体智力	1	2	3	4	5	6	7

第十部分：企业的技术创新能力状况调查（请根据您所在企业的实际情况，在最为接近的数字上打"√"）

10.【本公司技术创新能力现状】	极不同意	不同意	稍不同意	不确定	稍微同意	同意	非常同意
(1) 本公司对顾客需求或市场潮流之掌握较佳	1	2	3	4	5	6	7
(2) 本公司产品开发与功能设计相关的技术能力较强	1	2	3	4	5	6	7
(3) 本公司有较多数目的专利权	1	2	3	4	5	6	7
(4) 本公司经常开发一些被市场接受的新产品或服务	1	2	3	4	5	6	7
(5) 本公司在新产品推出或商品化方面速度通常较快	1	2	3	4	5	6	7
(6) 本公司有相当高的利润是来自新开发的产品或服务	1	2	3	4	5	6	7
(7) 与同行相比，本公司类似产品质量优良率较佳	1	2	3	4	5	6	7
(8) 本公司经常引进一些可以改善作业流程的新技术	1	2	3	4	5	6	7

续表

10.【本公司技术创新能力现状】	极不同意	不同意	稍不同意	不确定	稍微同意	同意	非常同意
(9) 本公司同仁经常想出改善产品作业流程的新方法	1	2	3	4	5	6	7
(10) 本公司能在短时间内调整生产的产量	1	2	3	4	5	6	7
(11) 本公司能依照顾客临时紧急的要求，弹性而快速地生产并交货	1	2	3	4	5	6	7
(12) 本公司会添购新的工具或设备，对生产或工作效率的提高很有助益	1	2	3	4	5	6	7

第十一部分：企业的管理创新能力状况调查（请根据您所在企业的实际情况，在最为接近的数字上打“√”）

11.【本公司管理创新能力现状】	极不同意	不同意	稍不同意	不确定	稍微同意	同意	非常同意
(1) 企业成功地提出了新的发展策略	1	2	3	4	5	6	7
(2) 企业在生产、经营或服务的方式方法上成功地进行了创新	1	2	3	4	5	6	7
(3) 企业成功地提出了新的发展理念	1	2	3	4	5	6	7
(4) 企业对组织机构的设置进行了有效的改革与调整	1	2	3	4	5	6	7
(5) 企业对各部门的岗位和职责进行了有益的调整	1	2	3	4	5	6	7
(6) 企业对各部门间的相互关系进行了有益的调整	1	2	3	4	5	6	7
(7) 企业中的某些管理制度得到了有效的创新或改进	1	2	3	4	5	6	7
(8) 企业对员工的激励约束机制进行了成功的创新或改进	1	2	3	4	5	6	7
(9) 企业在一些工作的流程上进行了有效的创新或改进	1	2	3	4	5	6	7
(10) 企业中的领导者对管理的方式和风格进行了有效的创新或改进	1	2	3	4	5	6	7
(11) 企业成功地引入了新的管理手段或技术，如信息技术等	1	2	3	4	5	6	7
(12) 企业在内部管理方面的方法进行了有效的创新或改进	1	2	3	4	5	6	7

调查问卷到此结束，谢谢您的回答！若您愿意进一步了解本研究的结果，请您填写下列资料，本人当于研究完成后，向您告知研究结果，再次感谢您的协助！

您的姓名：__________　　E-mail：______________

电话：______________　　联系地址：____________